CLASSROOM MANAGEMENT THAT WORKS
RESEARCH-BASED STRATEGIES FOR EVERY TEACHER

卓有成效的课堂管理

罗伯特 · J. 马扎诺 Robert J. Marzano
[美] 亚娜 · S. 马扎诺 Jana S. Marzano 著
黛布拉 · J. 皮克林 Debra J. Pickering

中国青年出版社

图书在版编目（CIP）数据

卓有成效的课堂管理 /（美）罗伯特 · J. 马扎诺，（美）亚娜 · S. 马扎诺，（美）黛布拉 · J. 皮克林著；郑月莉译. —北京：中国青年出版社，2024.4

书名原文：Classroom Management that Works: Research–based Strategies for Every Teacher

ISBN 978-7-5153-7246-4

Ⅰ. ①卓… Ⅱ. ①罗… ②亚… ③黛… ④郑…

Ⅲ. ①课堂教学—教学管理—中小学 Ⅳ. ①G632.421

中国国家版本馆CIP数据核字（2024）第072104号

卓有成效的课堂管理

作　　者：[美] 罗伯特 · J. 马扎诺　亚娜 · S. 马扎诺　黛布拉 · J. 皮克林
译　　者：郑月莉
责任编辑：肖妩嫔
文字编辑：侯雯洁
美术编辑：佟雪莹
出　　版：中国青年出版社
发　　行：北京中青文文化传媒有限公司
电　　话：010-65511272 / 65516873
公司网址：www.cyb.com.cn
购书网址：zqwts.tmall.com
印　　刷：大厂回族自治县益利印刷有限公司
版　　次：2024年4月第1版
印　　次：2024年4月第1次印刷
开　　本：787mm × 1092mm　1/16
字　　数：140千字
印　　张：11
京权图字：01-2022-5526
书　　号：ISBN 978-7-5153-7246-4
定　　价：49.90元

目录

第1章 教师的关键角色是课堂管理者

教师在平常的课堂上扮演着各种各样的角色，但毋庸置疑，最重要的角色之一是课堂管理者。在管理不善的课堂上，有效的学习和教学都无法进行。如果学生不守秩序，不尊重他人，没有明确的规则和程序引导他们的行为，那么混乱就会成为常态。在这种情况下，教师和学生都会受到影响。不光教师教得费心费力，而且学生很可能学到的东西也寥寥无几。相比之下，管理良好的课堂为教学与学习提供了蓬勃发展的环境。但是，一个管理良好的课堂不会凭空出现，需要很大的努力去创造，而最主要的创造者就是教师。

现在的研究表明，教师可能是影响学生学业成绩的唯一最重要的因素——至少是我们能够有所作为的唯一最重要的因素。举例来说，在一项涉及大约6万名学生的研究中，S. 保罗·怀特（S. Paul Wright）、桑德拉·霍恩

（Sandra Horn）和威廉·桑德斯（William Sanders）指出：

本研究结果很好地证明了影响学生学习的最重要因素是教师。此外，结果显示，教师之间的效能存在很大差异。这一发现的直接而明确的含义是，通过提高教师的效能改善教育似乎比任何其他单一因素都更有成效。高效教师的教学似乎对所有学业水平的学生都有效，不管班级的异质性水平如何。如果教师是低效的，那么在该教师指导下的学生就无法在学业上取得充分的进步，不管他们在学业成绩上多么相似或不同。

研究人员凯蒂·海科克（Kati Haycock）利用这项研究和威廉·桑德斯及其同事桑德拉·霍恩进行的其他研究的相关结果，描绘了一幅戏剧性画面（见图1.1），深刻说明了教师对学生学业成绩产生的深远影响。图1.1展示了在最高效教师指导下的学生和最低效教师指导下的学生学习一年后的成绩差异。

如图1.1所示，在被归类为最高效教师的班级里，学生一年内的学习收益约为52个百分位点。在被归类为最低效教师的班级里，学生一年内的学习收益大约仅为14个百分位点。如果人们意识到，学生仅仅因为成长——因为增长一岁以及从日常生活中积累新知识和信息——就能获得大约6个百分位点的学习收益，那这个对比就更加强烈了。也就是说，在我们这个复杂、信息丰富的社会中，除了学生的成长获得，最低效教师对学生的知识和技能的发

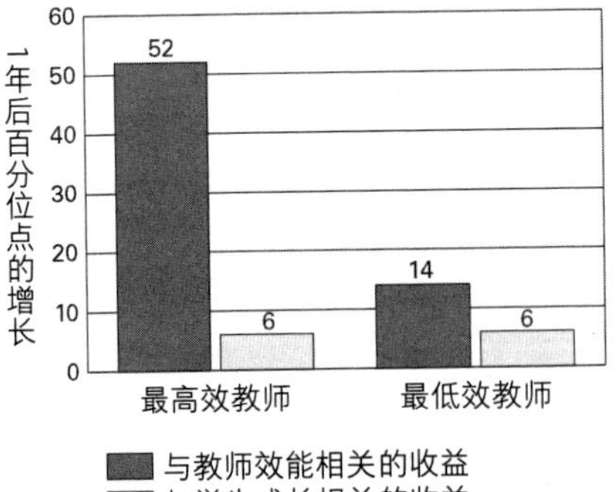

图1.1
教师效能对学生成绩的影响

展几乎没有什么贡献。

桑德斯及其同事们是在田纳西州的小学生中收集的数据。但并非只有他们证明了最低效教师班级的学生和最高效教师班级的学生在学业成绩上存在显著差异。凯蒂·海科克在达拉斯和波士顿进行的研究也有类似发现。

我采用了与海科克完全不同的研究方法，但也得出了类似的结论。在田纳西、达拉斯和波士顿进行的研究都是基于采集学生的历时数据，而我使用了一种称为元分析的研究过程，综合了过去35年里关于有效学校的研究。这种方法使我能够将学校（总体）对学生学业成绩的影响与教师个人的影响区分开来（见图1.2），如果对这个研究发现是如何得出的感兴趣，可参阅《学校改革的新时代：研究指引我们走向何方》（*A New Era of School Reform: Going Where the Research Takes Us*）。

为了理解教师能够产生的影响，我们思考一下图1.2中的五个情景。如图1.2所示，如果一个学生以数学第50百分位进入一所普通学校，有一位普通老师，那么大约两年后，她的成绩仍然在第50百分位。这个学生学到的知识足以使她保持和同龄人并驾齐驱。但是，如果这个学生进入了被认为是最低效学校，并且不幸有一位被归类为最低效老师，那么她会怎么样呢？两年后，她从第50百分位下降到了第3百分位。她可能学到了一些数学知识，但这种学习是非常零星和不系统的，以至于她在短时间内失去了相当大的优势。

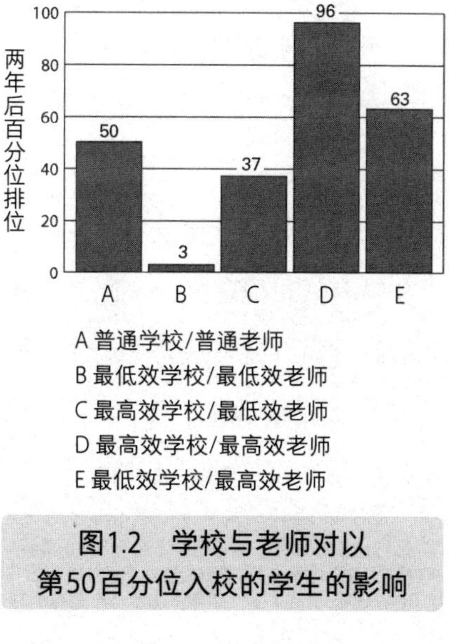

图1.2　学校与老师对以第50百分位入校的学生的影响

在第三个场景中，同一个学生在一个被归类为最高效的学校学习，但是她的老师被认为是最低效的老师。尽管该学生以第50百分位进入班级，两年后，她以第37百分位离开班级。与前两种情况相比，第四种情况非常乐观。该学生不仅在被认为最高效的学校学习，而且她所在班级的老师也被认为是最高效的老师。她以数学第50百分位入学，但以第96百分位毕业。第五种情况最生动地描述了教师个人的影响。同样，这个学生进入了一个被认为最低效的学校，但是她遇到了一个被认为最高效的老师。该学生现在以第63百分位离开班级——比她入学时高出13个百分位。正是最后一个场景真正描述了教师个人的重要性。即使他们工作的学校效率极低，教师个人也能使学生取得巨大的学习收益。

教师对学生成绩的影响是显而易见的，但教师产生这种影响的动因并不简单。更确切地说，能有效教学的教师履行多种职能。这些职能可以归结为三个主要任务：（1）明智地选择和使用最有效的教学策略；（2）设计课程大纲以促进学生学习；（3）有效地利用课堂管理技术。

第一个任务涉及教学策略及其使用。能有效教学的教师掌握一系列的教学策略。他们能够熟练使用合作学习和信息组织图；他们知道如何充分利用家庭作业，如何使用提问和先行组织者①；等等。此外，他们知道这些策略应该何时应用于特定的学生和特定的内容。虽然合作学习可能在一节课上非常有效，但在另一节课上，采用不同的方法可能更好。在提高学生学业成绩方面有良好研究“追踪记录”的一些常规策略在《有效的课堂教学：提高学生成绩的研究型策略》（*Classroom Instruction That Works: Re-*

① 先行组织者是先于学习任务本身呈现的一种引导性材料。它要比原学习任务本身有更高的抽象、概括和包容性，并且能清晰地与认知结构中原有的观念和新的学习任务关联。这是美国教育心理学家戴维·奥苏贝尔（David Ausubel）在1960年提出的一个教育心理学的重要概念。——译者注

search-Based Strategies for Increasing Student Achievement）一书中有详细介绍。

第二个与有效教学相关的任务是课程大纲的设计。这一点是指高效教师善于对教学内容的适当顺序和节奏进行识别和整合。他们并不完全依赖学区或教科书提供的范围和顺序，而是考虑学生的整体需求和个人需求，然后确定需要强调的内容以及该内容最合适的顺序和呈现方式。他们还非常擅长构思和组织学习活动，以不同的形式（如故事、解释、演示）和不同的媒体（如口头展示、书面展示、视频展示、基于网络的展示、模拟、动手活动）呈现新知识。

教师在有效教学中的第三个任务是课堂管理。当然，这一点是本书的主题。后续章节将详细讲述并举例说明有效课堂管理的各个组成部分。

然而，在深入研究课堂管理之前必须注意，这三个任务都是有效教学的必要组成部分，但不是充分组成部分。也就是说，没有一种任务本身足以保证学生的学习，但去掉其中一个，我保证你大概会让学生遭遇学习困难。尽管如此，我们有充分的理由认为，有效的教学策略和良好的课程大纲设计是建立在有效的课堂管理基础之上的。正如詹姆斯·D. 朗（James D. Long）和弗吉尼亚·H. 弗赖伊（Virginia H. Frye）在《坚持到星期五：成功课堂管理指南》（*Making It Till Friday: A Guide to Successful Classroom Management*）一书中提到的，令人难以置信的是：

> ……高效教师使用令人兴奋的教学材料和课堂活动保持学生的学习兴趣，从而避免所有的纪律问题。纪律问题的潜在原因不仅仅在学习方面。学生在家里遇到的困难会蔓延到课堂上；学生在课间休息时和在课堂上与同伴的问题通常也需要老师介入；学生们经历的情绪变化也会引起问题。这只是其中的几个例子。

同样，埃德蒙·埃默（Edmund Emmer）、朱莉·桑福德（Julie Sanford）、芭芭拉·克莱门茨（Barbara Clements）和珍妮·马丁（Jeanne Martin）在他们的研究综述中指出：

在公立学校的每个年级，有效的课堂管理被认为是有效教学的关键因素。如果教师不能取得学生的配合并让他们参与到教学活动中来，那么有效的教学就不太可能发生……此外，管理不善会浪费讲课时间，减少学生的学习时间，并降低学习环境的质量。

课堂管理研究简史

毫不夸张地说，自从有了教师，课堂管理就成为教师们最关心的问题。然而，有效课堂管理的系统研究还是一个相对较新的现象。在这里，我们简要回顾课堂管理的主要研究。

毫无疑问，第一个备受关注的、大规模的、系统化的课堂管理研究是由雅各布·库宁（Jacob Kounin）完成的。他分析了49个一、二年级的课堂录像，并对学生和教师的行为进行了编码。在这篇研究综述的第5章中，库宁对其发现进行了更深入的讨论。值得注意的是，他确定了有效课堂管理的几个关键维度：（1）洞悉全局；（2）讲课过程的流畅和势头；（3）让学生了解所有时间点应具有的恰当行为；（4）课堂作业的多样性和挑战度。洞悉全局是指敏锐地察觉到扰乱性行为或潜在的扰乱性行为，并立即加以关注。在这四个维度中，它最能始终如一地将优秀的课堂管理者与普通或低于普通水平的课堂管理者区分开来。

1976年，杰瑞·布罗菲（Jere Brophy）、卡罗琳·埃弗森（Carolyn Evertson）在《从教学中学习：发展的视角》（*Learning from Teaching: A Developmental Perspective*）一书中报告了一项关于班级管理的重要研究结

果。他们选择大约30名小学教师作为研究样本。他们的学生在学业成绩上的表现一直好于预期。对照组由38名教师组成，他们的表现较为平常。布罗菲和埃弗森的研究就是对优秀教师和普通教师的比较研究。虽然这项研究聚焦了多种教学行为，但课堂管理最终被证明是有效教学的关键方面之一。他们在课堂管理方面的大部分研究结果都支持了库宁的早期发现。布罗菲和埃弗森这样描述他们的研究：

> 毋庸赘述……书中已经介绍了很多我们在课堂管理方面的研究发现。我们要记住的最重要的一点是，几乎所有关于教师效能的调查都指出，无论是通过学生的学习还是通过学生的评价来衡量，课堂管理技能都是决定教学能否成功的最重要因素。因此，管理技能是最关键和最基本的技能。一个在课堂管理技能上严重不足的教师可能不会取得什么成就。

位于得克萨斯州奥斯汀市的教师教育研究与发展中心进行的四项系列研究标志着课堂管理研究的一个里程碑。第一项研究涉及27名小学教师。第二项研究涉及51名初中教师。埃默、埃弗森和琳达·安德森（Linda Anderson）1980年的研究报告，安德森、埃弗森、埃默1980年的研究报告，都报告了小学部分的研究成果。初中部分的研究成果可见埃弗森和埃默1982年的报告和桑福德和埃弗森1981年的报告。小学和初中这两项研究本质上是描述性和相关性研究，确定了与学生的学习行为和干扰性行为相关的教师行为。库宁的早期发现再次得到了有力支持。从这些研究中得出的一个更有意义的结论是，在新学年开始时尽早关注课堂管理是课堂良好运行的关键要素。

第三项和第四项研究也分别在小学和初中进行。这两项研究基于前两项研究的发现，考察了课堂管理技能培训产生的影响。埃默、桑福德、克莱门茨和马丁在1982年，埃默、桑福德、埃弗森、克莱门茨和马丁在1981年，以及埃弗森、埃默、桑福德和克莱门茨在1983年都报告了这两项研究的结果。埃默写道：

> 在后面的两项研究中，干预在新学年开始时展开。结果显示，教师行为在许多管理方面（但不是全部）都有了改善；而且与控制班相比，实验班学生的行为更为恰当。

这些研究共同为20世纪80年代末到90年代的课堂管理研究和实践奠定了基础，并凝集成两本关于课堂管理的图书：一本适用于小学阶段，另一本适用于中学阶段。这两本书现在都已更新至第六版。迄今为止，人们普遍认为这两本书是将课堂管理研究应用于基础教育的主要资源。

杰瑞·布罗菲进行的课堂策略研究是针对课堂管理的另一项重要研究。该研究对98名教师进行了深度访谈和观察，其中一些教师被认定为高效课堂管理者，而另一些不是。这项研究向教师们展示了一些特定情况下特定类型（例如，敌对-攻击型学生、消极-攻击型学生、多动型学生）的学生实例。这项研究有许多发现，其中之一是高效课堂管理者倾向于对不同类型的学生使用不同的策略，而低效课堂管理者，不论学生的类型或情况如何，倾向于使用相同的策略。该研究的强烈建议之一就是，教师应该开发一套“帮助技能”用于应对不同类型的学生。（第4章更深入地介绍了布罗菲研究的意义。）

尽管这些研究产生了深远的影响，但由玛格丽特·王（Margaret Wang）、日内瓦·哈尔特尔（Geneva Haertel）和赫伯特·沃尔伯格（Herbert Walberg）进行的一项综合研究给予了课堂管理最有力的支持。他们对以前三次相关研究的结果进行了综合。第一项研究以内容分析法对年度研究述评的86个章节、44个手册中的章节、20个政府报告和委托报告以及11篇期刊文章的内容进行了分析研究。这项分析研究产生了一份228个变量的清单，这些变量被认为对学生成绩有影响。第二项研究是对134名教育专家的调查研究。根据不同变量对学生成绩影响的不同程度，他们请各位专家对228个变量进行评级。第三项研究是对91项重要研究综述的分析。这项大型综述研究的最终结果是，课堂管理对学生成绩的影响被评为第一。

综上所述，过去30年的研究表明，课堂管理是有效教学的关键因素之一。许多详细阐述有效课堂管理的专题论文和图书已经出版发行。那么，本书可以提供什么新内容呢？当然，本书进一步强化了以前许多著作的研究发现和建议。但是，本书中的教学建议是基于一种在以前的课堂管理文献中从未使用过的新的研究方法——元分析。

元分析与课堂管理

元分析是20世纪70年代初由研究人员吉恩·格拉斯（Gene Glass）和他的同事们正式开发的。简而言之，这是一种以定量的方式对大量研究结果进行综合的研究技术。自问世以来，元分析已被广泛应用于教育学、心理学和医学领域。元分析对这些领域的研究产生的巨大影响被记录在莫顿·亨特（Morton Hunt）的《科学如何评估：元分析的故事》（*How Science Takes Stock: The Story of Meta-Analysis*）一书中。

实际上，这种研究技术让我们能够对教育学、心理学和医学构建概括性结论，这在以前是不可能的。人们自然会问，为什么综合大量研究结果这一简单行为会如此有效呢？答案是，任何一项单一研究，无论构建得多么完善，都会有“不可控误差”影响其结果。为了说明这一点，让我们来看一项经过精心设计的研究。该研究的目的是考察一种课堂管理策略对学生行为的影响。学生被随机分成两组——一组使用该策略（实验组），另一组（对照组）不使用。除了正在研究的课堂管理策略，这项研究会确保两组在课堂操作上完全一样。即使有这样严格的控制，研究结论也可能会受到不可控误差的影响。例如，衡量学生行为的方法可能对一些与研究关系重大的行为不敏感；实验组或对照组的学生可能会发生一些与研究无关的事情，但会影响他们的行为；等等。

事实上，要控制研究中可能出现的所有误差几乎是不可能的。因此，研究人员会给自己的研究结果指定一个概率。如果研究人员报告，研究结果在0.05的水平上显著，意思是研究结果有非常小的概率——低于5%——是研究中不可控误差的作用。如果研究人员报告，他们的研究结果在0.01的水平上显著，意思是这些发现由不可控误差作用的可能性更小——不到1%。比起单一研究，我们通过综合许多研究结果，可以更有把握地说某些策略有效或无效。这个概念将在第2章进行详细讨论。

为了撰写本书，我对100多份独立报告的研究结果进行了元分析。我在整本书中使用非专业术语对元分析的结果进行了讨论。这些也是我在本书中相关推荐的基础。有关技术描述，可参见《课堂管理研究定量综述》(*A Quantitative Synthesis of Research on Classroom Management*)。

如表1.1所示，我所作的元分析提出了有效课堂管理的四个组成部分：(1)规则与程序；(2)纪律干预；(3)师生关系；(4)心理定式。本书下面的章节将依次深入探讨这些因素(以及一些其他因素)。不过，让我们先看一下表1.1中数字的含义。第四列是四个组成部分分别涉及的研究数量。第三列报告了受访者人数。第二列展示了课堂管理四个组成部分的平均效应量。

效应量是元分析中使用的一个度量标准。在本书中，它是指在某一方面有效实施课堂管理的班级和没有实施的班级之间，学生的行为差异有多大。举例来说，如表1.1所示，纪律干预的平均效应量是-0.909。这个平均值是对3322名学生参与的68项研究的结果进行计算得出的。平均效应量-0.909

表1.1 课堂管理四要素元分析结果

要素	平均效应量	受试者人数	研究数量	干扰行为降低的百分位数
规则与程序	−0.763	626	10	28
纪律干预	−0.909	3322	68	32
师生关系	−0.869	1110	4	31
心理定式	−1.294	502	5	40

注：所有效应量的显著性水平为0.05。

可以解释为，在有效使用纪律干预程序的班级中，课堂干扰的平均次数比没有有效使用纪律干预程序的班级少0.909个标准差。

使用效应量这一度量标准的好处之一是，我们可以将其转化为课堂平均干扰次数的百分位变化。我们把干扰理解为任何一种不被教师认可的学生行为。干扰可能是无伤大雅的，如学生和同桌说话；也可能是非常严重的，如学生不尊重教师。对于这个例子，我们不区分干扰的严重程度，只区分干扰次数。纪律干预的平均效应量为−0.909说明什么呢？在本例中，平均效应量−0.909可以转化为课堂干扰的平均次数降低了32个百分位点。这意味着，在未有效实施纪律干预措施的班级干扰数量分布中，有效实施纪律干预措施的班级平均干扰数量处在第18个百分位（关于如何将效应量大小转换为百分位数变化的规则，见表1.2）。

为了进一步理解干扰性行为的分布，请看图1.3。我们假定在没有使用纪律干预的班级里，每天的平均干扰次数是10，标准差是5.0。如图1.3右侧的干扰行为分布所示。根据我们对正态分布的了解，这表明有时干扰次数会高于10次。事实上，我们可以预测，有时干扰次数会比平均值高出两个标准差（或更多）。也就是说，这些课堂有时会出现20次干扰行为。相反，有

表1.2 效应量大小与百分位数换算表

效应量	干扰行为降低的百分位数	效应量	干扰行为降低的百分位数
0.00	0	−0.67	25
−0.02	1	−0.71	26
−0.05	2	−0.74	27
−0.08	3	−0.77	28
−0.10	4	−0.81	29
−0.13	5	−0.84	30
−0.15	6	−0.88	31
−0.18	7	−0.92	32
−0.20	8	−0.95	33
−0.23	9	−1.00	34
−0.25	10	−1.04	35
−0.28	11	−1.08	36
−0.31	12	−1.13	37
−0.33	13	−1.17	38
−0.36	14	−1.23	39
−0.39	15	−1.28	40
−0.41	16	−1.34	41
−0.44	17	−1.41	42
−0.47	18	−1.48	43
−0.50	19	−1.56	44
−0.52	20	−1.64	45
−0.55	21	−1.75	46
−0.58	22	−1.88	47
−0.61	23	−2.05	48
−0.64	24	−2.33	49

时干扰次数会比平均值低两个标准差，有时没有干扰。换言之，不采用纪律干预的班级会有几个“低干扰日”和几个“高干扰日”，但平均干扰次数是每天10次。图1.3左边的分布代表了有效使用纪律干预的班级，平均值是5.46，标准差也是5.0。在高干扰日，这些班级会有15.46次干扰。在低干扰日，没有干扰行为。

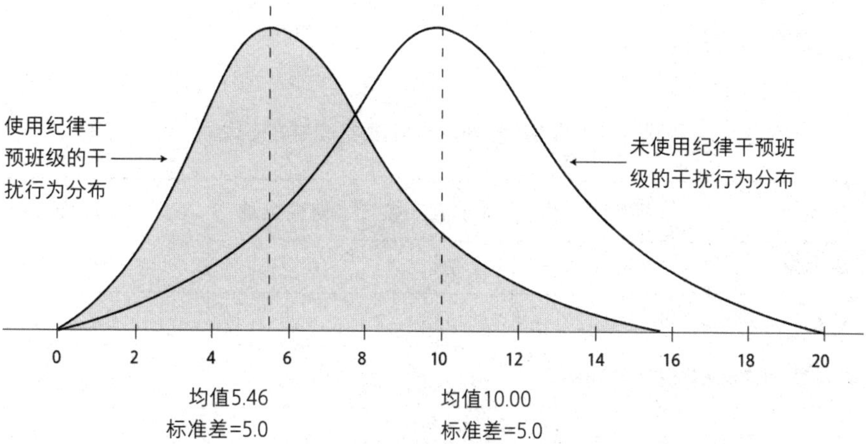

图1.3　纪律干预效应量

总而言之，图1.3表明，使用纪律干预的班级有好有坏，不使用纪律干预的班级也是如此。然而，有效使用纪律干预班级的平均干扰次数比没有使用纪律干预的班级少得多。经过一年，这种干扰性行为的减少会使两类班级的氛围明显不同。在一年的时间里，采用纪律干预的班级将有大约980次干扰，而没有采用纪律干预的班级将有大约1800次干扰。

表1.1报告的效应量强有力地证明，有效地使用课堂管理技巧可以显著减少课堂上的干扰行为。我的元分析结果还证明了有效使用课堂管理策略对学生参与度和学生成绩的影响（见表1.3）。

表1.3显示，使用有效课堂管理技术的班级，学生参与度比不使用的班级参与率高出0.617个标准差，相当于参与度提高了23个百分位点。表1.3还表明，采用有效课堂管理技巧的班级比未采用的班级成绩高出0.521个标准差，相当于成绩提高了20个百分位点。换言之，我的元分析表明，总体而言，使用有效管理技巧的班级学生比没有使用有效管理技巧的班级学生成绩高出了20个百分位点。所以，通过采取一系列措施，有效的课堂管理会对学生产生巨大的影响。

表1.3　课堂管理对参与度与成绩的影响

结果	平均效应量	受试者人数	研究数量	上升的百分位数
参与度	+0.617	784	7	23
成绩	+0.521	553	5	20

注：所有效应量的显著性水平为0.05。

优秀的课堂管理者是先天的还是后天的

虽然高效课堂管理者的特征非常清晰，甚至非常直观，但如何成为一个高效课堂管理者就没有那么清晰和直观了。你可能会问：高效课堂管理者是天生的吗？或者如果你目前还不是，你能成为一个高效课堂管理者吗？很幸运，这个问题的答案是，高效课堂管理者是培养出来的。优秀的课堂管理者是指了解并使用特定技巧的教师。认识和训练这些技巧可以改变教师的行为，进而改变学生的行为，并最终对学生的成绩产生积极的影响。同样，研究证据也支持这一论断。

我们以沃尔特·博格（Walter Borg）和弗兰克·阿斯科尼（Frank Ascione）的研究为例。在这项研究中，34名小学教师被随机分配到实验组和控制组。他们发现：(1)与未经培训的教师(控制组)相比，接受过有效课堂管理技巧使用培训的教师(实验组)使用这些技术的能力提高了；(2)与控制组相比，实验组教师的学生干扰行为更少，参与度更高。

最有希望的研究发现之一是，成为一名熟练的课堂管理者并不需要太长时间。例如，埃默、桑福德、克莱门茨和马丁研究发现，将大约40名初中教师随机分配到实验组和控制组，即使只是向他们提供一本手册和两个半天的工作坊这样的简单干预，教师的课堂管理技能也可以得到显著提升。正如埃默和他的同事所述：

> 研究中的实验处理主要是提供信息，没有机会进行反馈、指导性的实践、诊断及针对性干预或来自员工或同事的持续支持和鼓励。因此，实验处理符合最小干预类型。

埃默、桑福德、埃弗森、克莱门茨和马丁对小学教师的最小干预也有类似的发现。

本书的组织结构

本书后面的7个章节将详细地论述课堂管理的各个方面。第2章讲述课堂的规则与程序。第3章讨论纪律干预。第4章探讨师生关系。第5章探究心理定式。第6章提供了一个不同的课堂管理视角。它没有探讨教师如何加强课堂管理，而是探讨学生在有效课堂管理中的角色。实际上，它讨论了学生对课堂管理的责任。第7章讨论如何开始新学年，以确保课堂管理有一个良好的开端。最后，第8章不再是第2章到第7章的个人与课堂的视角，而是探讨了学校在管理中的角色。

每章首先探讨相关研究和理论，然后讨论课堂管理相关方面的突出项目。每章的核心部分是“行动步骤”。这些都是给你——任课教师的具体建议。

小结

显然，任课教师个人对学生的成绩会产生重大影响。在任课教师的三个任务（选择教学策略、设计课堂大纲、运用课堂管理技巧）中，课堂管理无疑是基础。对课堂管理的研究以及本书基于元分析的研究都支持这一观点。

第2章 规则与程序

有效的课堂管理最显而易见的方面可能就是课堂的规则与程序的设计和实施。埃默、埃弗森和默里·沃沙姆（Murray Worsham）证实了规则和程序的必要性。他们解释说：

> ……（规则与程序）在不同的课堂会有所差异，但所有有效管理的课堂都有规则与程序。如果对学生的行为表现以及何时可以在教室里走动没有任何指导原则，或者学生经常打扰教师和其他同学，教师就不可能正常实施教学，学生也不可能有效地学习。此外，低效的程序和缺乏班级日常规程，如记录和报告出勤情况、参与讨论、上交材料或检查作业等，会浪费大量时间并导致学生注意力和兴趣的降低。

虽然这段引文来自一本关于中学课堂管理的教科书，但作者对小学阶段的规则和程序做出了同样的判断。

尽管规则和程序这两个术语有时可以互换使用，但它们也有一些重要的区别。两者都是指规定的行为预期。然而，规则确定总体的行为预期或标准，而程序传达的是对特定行为的预期。例如，教师可能会制定“尊重他人及其财产”的规则。这一条规则针对的是广泛的预期行为。同一个教师也可以对收作业、提交未按时完成的作业和参加班级讨论等活动制定不同的程序。这些行为预期实质上相当具体。

相关研究与理论

正如第1章所述，本书中的推荐是基于我的元分析研究结果（尽管我也努力加入了一些来自广泛的、希望也是具有代表性的研究和述评中的发现和结论）。表2.1展示了规则与程序的元分析结果。

表2.1的第一行报告了设计和实施课堂规则与程序的总体平均效应量。在636名学生参与的10项研究中，平均效应量为-0.763。表2.1还分别报告了在高中、初中和小学高年级设计和实施规则与程序的平均效应量。在讨论不同年级的效应量之前，我们首先关注一下平均效应量值-0.763。

这个效应量数值表明，在所有年级中，有效实施规则与程序的班级平均干扰次数比没有有效实施的班级低28个百分位点。表2.1还包括了第1章未涉及的效应量相关信息——95%置信区间一栏。平均效应量-0.763的区间为从-0.598到-0.927。理解这个区间的含义有助于我们更好地探讨元分析的优势。

回顾一下我在第1章的介绍，元分析是一种以定量方式综合大量研究结果的技术。在本案例中，综合10项研究的结果得出，规则与程序的平均效应量为-0.763。我在第1章中指出，元分析使我们对自己的研究发现更加确定。这是因为，与单一研究相比，元分析涉及的学生数量增加了。就规则与程序的设计和实施而言，表2.1中报告的平均效应量涉及10项研究中的636名学生。其中的每项研究可能涉及大约60名学生。如果一项研究中只有60名学生，研究人员通常对自己的研究发现信心不足。他们观察到的效应量可能相当大，但这可能是由于第1章提到的不可控误差。例如，实施规则与程序的班级学生比未实施的班级学生干扰性更小的原因可能是天性使然。一般来说，受试者越多，研究越多，这种不可控误差就越容易被抵消，研究结果就越可靠。

在表2.1中，每个平均效应量的确定性水平是在95%的置信区间。这个区间汇报了效应量所处的范围。在这个范围内，如果研究没有误差，我们有95%的把握找到“真实的”效应量。因此，表2.1告诉我们，我们有95%的把握认为，实施规则与程序（如果研究中没有不可控误差）的最小真实效应量是-0.598，最大真实效应量（如果研究中没有不可控误差）是-0.927。换句话说，我们仍然不能确定所报告的-0.763的平均效应量是没有被误差破坏的。它可能由于人为因素过高，或由于人为因素过低。但是我们可以95%地确信，真实效应量可能不小于-0.598，也不大于-0.927。这给了我们很大的信心，让我们相信设计和实施课堂规则与程序对学生的行为有显著的影响。事实上，任何不含0.00的置信区间都被称为“在0.05的水平上显著”。

在表2.1中，所有的置信区间都不包含0.00，因此，这些效应量在0.05的水平上是显著的。当你阅读本书后面的章节时，你会发现（通过检查95%的置信区间），我的元分析报告的所有效应量都在0.05的水平上显著。事实上，只有一个效应量接近于零，而且这个唯一的效应量就出现在表2.1中。为了进一步说明置信区间的概念，让我们详细地讨论一下这个异常值效应量。

如表2.1所示，高中、初中和小学高年级的平均效应量分别为-0.772、-0.617和-0.772。（没有可用的数据来计算小学低年级的平均效应量。）这些数据都是真实的。基于以上讨论，我们知道，所有三个平均效应量在0.05的水平上是显著的，因为它们的置信区间不包括0.00。然而，虽然初中年级的置信区间不包括0.00，但很接近；效应量的范围是从-0.059到-1.293。这意味着我们有95%的把握确信，规则与程序对初中学生行为的实际影响可能大到-1.293或小至-0.059。这是一个非常大的范围，因此，我们对初中年级平均效应量的信心不如对其他年级高。我们对这个平均值不太有信心的原因在表2.1中显而易见。-0.617这一平均值是基于一项涉及48名学生的研究。因为在这项研究中的受试者太少，所以我们必须围绕平均值建立一个更宽的置信区间。这是否意味着我们应该质疑规则与程序在初中阶段的有效性呢？当然不是。它在0.05的水平上仍然是显著的，这也是教育研究中的典型标准。此外，考虑到本书中报告的效应量模式，我可以肯定，如果能再找到一

表2.1　规则与程序的效应量

	平均效应量	95%置信区间	受试者人数	研究数量	干扰行为降低的百分位数
规则与程序的设计与实施	-0.763	（-0.598）到（-0.927）	636	10	28
高中	-0.772	（-0.574）到（-0.970）	425	3	28
初中	-0.617	（-0.059）到（-1.293）	48	1	23
小学高年级	-0.772	（-0.438）到（-1.106）	163	6	28
小学低年级	ND	ND	ND	ND	ND

注：ND=没有相关数据可以计算效应量。

项关于规则与程序对初中生影响的研究，置信区间会小得多，因为我们计算平均值涵盖的学生人数增多了。

然而，这种情况恰恰说明了元分析的潜在逻辑和力量。如果综合多项研究的结果，你可以更有信心地说，这种课堂管理技巧（或者你可能正在研究的任何其他技巧）对学生的行为或成绩产生了特定的影响。

除了表2.1中报告的效应量，根据研究，在家庭环境里设置规则与程序的重要性也很明显。例如，在一项涉及6.9万多对父母与孩子的研究中，范西涛（Xitao Fan）和麦克·陈（Michael Chen）发现，在家庭环境里建立规则与程序对学生学业成绩影响的效应量为0.26，即学生在校成绩可以提高10个百分位点。产生这一结果的可能的原因是，正确使用家庭规则和程序可以培养学生的性情，帮助他们在学校表现得更好，从而学到更多的知识。与此相似，埃伦·斯利克（Ellen Slicker）在一项涉及2000多名高中生的研究中计算得出，在家庭中实施规则与程序对学生在校行为的影响效应量为-0.79。这意味着在家庭环境中有效地使用规则与程序可使学生的在校干扰行为降低29个百分位点。许多其他研究人员也报告了类似的发现。

显然，在课堂上甚至在家庭里设计和实施规则与程序对学生的行为和学习有着深远的影响。这个观点得到了研究的支持。然而，研究也表明，规则与程序不能简单地强加给学生。相反，规则与程序的正确设计包括充分的解释和同学们的集思广益。布罗菲和埃弗森在一项研究中证明了这一点。在这项研究中，他们比较了两组教师的教学技巧。一组教师总是能让学生取得超预期的成绩，而另一组为随机选择的教师。他们写道：

> ……更成功的教师会不厌其烦地向孩子们解释规则本身及其背后的原因。这可以让孩子们认识到规则的必要性并接受规则……与这个具有良好解释和内部灵活性的平衡系统相比，组织不当和

> 不太成功的教师往往根本没有规则（因此，他们不断地做出临时决定，分散了他们对教学任务的注意力），或者规则太多导致规则过于具体，因此基本上没有什么意义了。

理查德·柯文（Richard Curwin）和艾伦·门德勒（Allen Mendler）在《有尊严的纪律》（*Discipline with Dignity*）一书中也提到了在建立课堂规则和程序时学生参与的重要性。他们甚至说，课堂规则与程序应该被视为教师和学生之间的“契约”。

同样，对家庭氛围的研究也支持建立一套协商的而不是强加的规则与程序。斯利克的研究表明，在家庭内部，与硬性规定的规则与程序相比，协商的规则与程序对学生在学校的行为影响效应量为-0.47。这意味着，相较于硬性规定的规则与程序，在家庭内部实施父母和孩子协商的规则与程序使学生在学校的不良行为减少了18个百分位点。

因此，相关研究和理论都支持这个直观的概念，即与学生协商的、清晰的规则与程序是课堂管理的一个重要方面，不仅影响学生的行为，也影响他们的学业成绩。

实施规则与程序项目

几乎所有的课堂管理项目都在一定程度上涉及了本书中所介绍的与课堂管理相关的四个因素。不同的项目通常强调的方面有所不同。在本节中，我简要总结了一个在实施规则与程序方面非常强大的项目特点。其他每章都有一个类似的部分，讨论各自的课堂管理主题方面非常出色的项目。

研究最深入的课堂管理项目之一是课堂组织和管理项目（Classroom Organization and Management Program，COMP），由卡罗琳·埃弗森（Carolyn Evertson）和她在范德堡大学（Vanderbilt University）的同事开

发。除了强调规则与程序外，该项目还强调组织课堂、培养学生责任感、计划和组织教学、实施教学和保持势头以及开启良好开端等方面的技巧。

COMP在对学生的影响方面有着良好的业绩记录。具体来说，多项研究表明，COMP不仅减少了学生的扰乱行为，提高了学生的参与度，而且，根据当地小学和中学的标准化考试结果，提高了学生的成绩。

根据埃弗森在1995年的说法，COMP旨在为基础教育工作者提供一种基于探究的教师发展途径。在为期6至18周的在职培训中，教师们使用一系列清单来分析自己的课堂实践，尝试一些基于研究的策略，并检测教学过程实施的有效性。培训课程使用的教科书包括《小学教师课堂管理》（*Classroom Management for Elementary Teachers*）和《中学教师课堂管理》（*Classroom Management for Secondary Teachers*）。根据埃弗森的研究，“自1989年以来，COMP已经在28个州/地区培训了5870多名教师和行政人员，并被2900多人采用”。

行动步骤

行动步骤1 ▼

为你的课堂确定具体的规则与程序

如前所述，根据教师和学生的需要和性格，不同的课堂会有不同的规则和程序。然而，教师通常使用以下几类规则和程序：

- 常规课堂行为规范

- 上学或上课的开始和结束
- 课程与活动的转换和中断
- 材料和设备
- 小组活动
- 随堂作业和教师主导的活动

但这并不意味着你必须在以上所有方面都有规则和程序。事实上，这样做可能会适得其反。的确，埃默、埃弗森和沃沙姆建议教师在中学阶段只采用7条规则和程序；在小学阶段只采用5到8条。因此，为自己的课堂仔细选择规则和程序是很重要的。

▶ 常规课堂行为规范

大多数情况下，我们如何对待他人以及他人如何对待我们，人们是有常规预期的。课堂也是如此。教师应该为各种环境下的常规行为举止建立规则和程序。

在小学阶段，常规课堂行为的规则和程序通常涉及以下几个方面：

- 对待他人有礼貌，乐于助人
- 尊重他人财产
- 不得打断老师或他人
- 不得殴打或推搡他人

为了说明如何在小学阶段处理常规课堂行为的规则与程序问题，请看下面的案例：

在开学的第一周，班纳先生把他的三年级学生分成小组，并给每组发放四条班级规则中的一条。学生们的任务是将规则用印刷体写在一张纸条上，并画上与规则相关的简单图案进行装饰。他们一边做，一边讨论规则的内容。这是一个需要他们思考的行为。这些规则如下：

1. 一天帮助两名同学；为他人着想。

2. 像对待自己的财产一样对待别人的财产；想想你会有什么感受。

3. 说话前先听别人说；说话之前要三思。

4. 管好自己的手，不要随意碰别人；三思而后行。

班纳先生定期从墙上取下一张纸条，与学生们一起讨论“思考”如何可以帮助他们理解和遵守规则。必要时，他们会在一张新纸条上增加一条附加规则，每次都用“思考”类的术语来表达。

在中学阶段，常规行为规则与程序通常涉及以下方面：

- 将材料带到课堂
- 上课开始时坐在指定的座位上
- 尊重他人、礼貌待人
- 在规定的时间发言或保持安静
- 离开指定的座位
- 尊重他人的财产

下面的案例描述了一名中学教师在开始阶段是如何处理常规课堂行为规则与程序的：

斯威尼女士是九年级的英语老师。她在开学第一周有两个目标——与学生交流课堂规则，并介绍第一学季的主要课程单元。她认为同时达成这两个目标会很有趣——使用诗歌（前面的课程单元之一）来传达规则。她的学生收到了一份讲义，上面有她写的一首简单的诗：

带上你的笔、书、纸，
除非你想看我的脸色。
当我看到你在座位坐定，
我知道我有点急躁——课就要开始。

你需要知道我对你的预期，
懂得尊重，赢得尊重。
注意言行，讲究礼貌，
不要生气，避免挑衅。

有时你坐着，有时你走着，
有时你会听，有时你会说。
请按提示做事情。
听我说，我也会听你说。

制订规则助于学习。
遵守规则获得奖励。
非常必要再提示，
违反规则罚留校。

如觉规则严格而生硬，
请提建议，但以诗的形式。

正如她所希望的那样，学生们读这首诗时发出了欢笑声。在轻松愉快的氛围中，她和学生们一起读了诗中的每一节，详细阐述了规则的含义。当她把这首诗张贴在教室前面的公告栏上时，她确信，学生们对这些规则的反应比她过去看到的会更积极。那时她只是简单地张贴一张枯燥的规则清单。她还获得了一个额外收获——她准备在教学中用诗歌作为交流思想和感情的方式。

▶ 上学或上课的开始与结束

上课开始的方式会为接下来发生的事情定下基调。在一个独立的教室里，如果一整天学生们和同一个教师在一起或一直在同一间教室里学习，良好的开端尤为重要。如果一天内由不同的教师授课，每节课开始的方式至关重要。因此，教师可以为一天的开始和一节课的开始设置规则和程序。这一点同样适用于一天或一节课的结束。一天或一节课结束的方式给学生留下的印象会延续至下次见面。

在小学阶段，与一天的开始和结束有关的规则和程序通常涉及以下方面：

- 以特定的社交活动开始学校的一天（例如，了解生日、学生生活中的重要事件）
- 以宣誓开始新的一天
- 管理活动（例如，考勤、收取午餐费）
- 以打扫教室和清理课桌结束一天的学习
- 一天结束时，整理并收好材料

为了理解如何使用这些规则和程序，请看下面的案例：

帕顿女士为她的二年级学生建立了每日常规程序，帮助他们有效地开始和结束一天的学习，从而最大限度地增加教学时间。当学生们走进教室时，他们立即走向挂着彩色姓名牌的挂板。学生们取下他们的姓名牌并放在标明他们午餐偏好的盒子里。一坐下，他们就立即开始做黑板上既有挑战性又有趣的“海绵”问题。在他们做题的时候，帕顿女士通过检查挂板上还剩余的姓名牌来记录缺席人数，并通过数午餐偏好盒里的姓名牌统计好各种午餐的数量。没有浪费任何时间，这个舞台已为富有成效的一天做好了准备。一天结束时，学生们整理并收好材料后，便把他们的姓名牌重新放回挂板。在所有的姓名牌都挂回挂板后，帕顿女士宣布放学。

在中学阶段，与课程开始和结束有关的规则与程序通常涉及以下方面：

- 课程开始时首先记录出勤
- 在课程开始时，先处理因缺席而错过前一天功课的学生
- 处理上课迟到的学生
- 下课时，明确对家庭作业的要求

以下案例描述了一位教师如何处理这方面的问题：

利马先生设计的开始和结束课程的固定程序是为了最大限度地利用47分钟的课堂时间，并将一些管理责任转移到学生身上。为了实现这一目标，学生们被分成小组，每人轮流担任特定的角色。每组有一名学生担任“组织者”的角色。在上课的第一时间，组织者的工作是检查是否有人需要补交作业，并确保每个人都有上课所需的材料。与此同时，利马先生扫视一下教室，在他的记分册上记录出勤和迟到情况。不出一两分钟，学生们和利马先生就准备开始上课了。在课程结束时，老师给组织者留出时间以确认每个人都记录并理解了作业。如果在小组中出现了无法解决的问题或困惑，组织者会向利马先生寻求帮助。利马先生认为，这种小组方式有助于确

保学生的个人需求立即得到满足，从而最大限度地降低课堂干扰的可能性。

▶ 过渡与中断

由于各种原因，学生不可避免地要离开和进入教室。例如，个别学生可能需要离开教室去洗手间、办公室等。此外，全班学生可能会离开教室去参加全校性的活动、去图书馆等。如果没有相关的规则和程序，这些转换和中断会造成混乱。

在小学阶段，与过渡和中断相关的规则和程序通常涉及以下方面：

- 离开教室
- 返回教室
- 使用卫生间
- 使用图书馆和资源教室
- 使用自助餐厅
- 使用运动场
- 火灾和灾难演习
- 课堂助手

以下案例描述了如何在小学阶段解决过渡和中断问题：

在教室门内，斯旺森先生有一张很大的压膜纸做成的活页挂图。每一页都有一个规则和程序列表，列出了经常发生的主要过渡活动，比如去卫生间、参加课外活动和参加师生大会等。在每个列表的空白处都是每年他的学生制作的图片，用来说明每个规则和程序中最重要的部分。在重要的过渡活动之前，斯旺森先生让一名学生翻到对应的一页，然后带领全班复习相关的规则或程序。每隔一段时间，在某一次过渡活动之后，斯旺森先生会翻到相应的一页，让指定的学生带领全班对学生的行为进行评估。他利用这样的机会巩固良好行为，解决出现的问题。根据翻好的活动挂图，学生们可以看到简单的通用提示："现在我应该做什么？"

在中学阶段，与过渡和中断相关的规则和程序通常涉及以下方面：

- 离开教室
- 回到教室
- 火灾和灾难演习
- 分发午餐时间

为了理解如何在中学阶段引入这些内容，请思考以下案例：

博诺女士发现，当她讲解安全程序与规则时，要引起她的高中学生的注意非常难，就像空乘员在讲解安全程序时想引起飞机常旅客的注意一样困难。有一年，她偶然发现了一部几十年前看过的旧电影，里面有学生们蹲在课桌下以防核攻击的画面。她决定把这部电影放给她的学生看，以引起他们的注意并逗他们大笑。她成功了。电影结束时，学生们都很清醒，注意力集中。她于是开始说："我们现在正在学习一些主要的课堂程序。你已经看到了，我上学时和现在是有一些不同的。现在一边听，一边准备好告诉我哪些程序可能和我上学时一样——哪些程序可能完全不同。"

▶ 材料和设备的使用

材料和设备对许多学科都至关重要。大部分学科需要使用教科书，许多学科还需要其他材料，如实验室设备、艺术材料、计算机相关设备等。规则与程序通常应用于这些材料的回收及复原。

在小学阶段，与材料和设备使用相关的规则和程序通常涉及以下方面：

- 分发材料
- 回收材料
- 常用材料的储存
- 教师课桌和储物区
- 学生课桌和储物区
- 饮水机、水槽和铅笔刀的使用

为了了解如何在小学阶段处理这些规则和程序，请看下面的案例：

在布雷森先生的合作小组中，主要角色之一是“材料队长”。每星期，小组中担任这一角色的学生全天在学校负责分发和收取材料。为了确保每个学生都了解这一角色，布雷森先生向学生们讲授了保存材料的三个主要区域的区别。他把这些区域标记为“你的”“我的”和“我们的”。“你的”指的是学生们自己课桌上的材料，队长们不用管。“我的”指的是属于布雷森先生的材料，学生不能使用。“我们的”指的是所有由材料队长分发和收集的其他课堂材料。当轮到他们当队长时，每个学生都明白这些区别的重要性。布雷森先生希望学生们遵循他制定的程序。“你们是上校，但记住，我是上将。”布雷森先生经常开玩笑说。

在中学阶段，与材料和设备使用相关的规则和程序通常涉及以下内容：

- 分发材料
- 收集材料
- 常见材料的储存

为了了解在中学阶段如何处理这些规则和程序，请看下面的案例：

特勒先生从多年的经验中已经了解，即使是高中理科生在科学实验室上实验课，也需要在开始和结束时进行密切监控，才能确保正确地分发、收取和储存设备。为了方便自己进行监控，他将所有设备正确摆放在各存储区，然后请摄影老师拍照。这些照片被印成海报，挂在每个储物区旁边的墙壁上，指导和提示学生妥善放置设备。特勒先生会周期性地用他从互联网上找到的幽默或搞怪的图片遮盖一两张海报。如果各区域负责存放设备的学生没有注意到新图片并对其进行评论，特勒先生就知道他们没有使用照片来检查设备是否正确存放。然后，他会温和而坚定地提醒他们，每次存放设备时都要使用这些海报。

▶ 小组活动

小组活动——尤其是合作式小组活动——是一种强大的教学活动。事实上，研究表明，合作学习小组对学生学业成绩、人际关系和学习态度都有积极的影响。这些积极效果通常是因为学生与学习内容以及学生与学生之间互动的增加。只有通过实施相关规则与程序而建立的合作学习才能产生积极的效果。

在小学阶段，与小组活动相关的规则和程序通常涉及以下方面：

- 进入小组和离开小组
- 组内学生行为规范
- 组外学生行为规范
- 小组与老师的交流

下面的案例讲述了一位教师是如何开展小组活动的：

韦斯特贝里女士多年来一直避免在课堂上使用小组活动，直到她参加了一个关于如何使小组活动时间最大化的研讨会。通过研讨会她意识到，以前她从没有向学生们明确小组活动应有的行为规范。现在，每当开展小组活动时，她都会在活动开始和结束时和学生一起温习小组活动规则，一起分析小组执行规则的情况。例如，有一条“有两人排在我前面”的规则，旨在提醒学生在向老师求助之前，先互相帮助。在实施新的小组项目的第一天，韦斯特贝里女士提醒了学生们这条规则，并解释了互相帮助的重要性。每天放学前，她要求学生在个人学习日志中记录以下情况：（1）自己如何从小组成员那里获得帮助；（2）如何可以更好地互相帮助。每天在小组学习开始前，学生们向他们的小组成员朗读上一次小组活动的学习日志。这样，他们每次首先回顾哪些事情进展顺利、哪些行为需要改进，然后再开始每天的学习活动。

在中学阶段，与小组活动相关的规则与程序通常涉及以下方面：

- 进入小组和离开小组
- 组长和小组中的不同角色
- 小组与班级其他成员或其他小组的关系
- 小组与老师的交流

为了了解在中学阶段如何解决这些方面的问题，请看下面的案例：

弗罗斯特女士和萨沃里女士一致认为，她们今年非常享受对八年级学生的教学，因为她们采用团队教学。团队合作的主要优势之一，是她们可以以角色扮演的方式，戏剧化地为学生表现恰当和不恰当的行为。例如，当进行小组合作学习时，他们会给组员分配不同的角色，如记录员、计时员、监督员和自我评估员。在开始小组活动前，两位教师会以夸张、幽默的方式将每个角色的行为规范戏剧化地表演出来。弗罗斯特女士扮演的是监督员，她把监督员演成了一个独裁者："嘿，你！开始工作。不要偷懒。你，把我的活也干了。我是统治者！"弗罗斯特女士的表演令学生们捧腹大笑。接着，萨沃里女士也会以夸张的口吻示范监督员的行为规范："好了，好了。我们离题了。我们再看看我们的目标，明确一下下一步该做什么。"即使是这种正面的示范也引起了学生们的窃笑，但是他们都明白了其中的含义。示范达到了预期的效果。

课堂作业和教师主导的活动

尽管小组活动，尤其是合作性小组活动在小学和中学阶段是一种必要和普遍的活动，课堂作业和教师主导的教学活动仍然是基础教育阶段的主要内容。有时，直接的全班教学是为学生提供输入的最佳方式；有时，学生必须坐在自己的座位练习和复习所学的内容。举例来说，托马斯·古德（Thomas Good）和杰瑞·布罗菲在他们关于合作学习的讨论中指出：

> 我们推荐合作学习的方法，尽管……重要的是，我们不能把合作学习看作是对传统全班教学的大规模替代，这是一种调整，即保留积极的全班教学，但许多后续活动是通过小组合作而不是个人课堂作业完成的。

课堂作业和教师主导的活动一般需要学生坐在自己的座位上。小学阶段与课堂作业和教师主导的活动相关的规则与程序通常涉及以下方面：

- 授课过程中的学生注意力
- 学生参与
- 学生交谈
- 获得帮助
- 离座行为

- 任务完成时的行为

下面的案例讲述了一位小学教师是如何处理这一问题的：

萨默塞特女士擅长为做课堂作业的学生提供恰当的帮助。然而，由于某种原因，她的工作程序今年不起作用了。学生们不仅看起来特别需要帮助，而且，如果他们举手而没有立即得到帮助，就开始挥手、抱怨甚至离开座位。萨默塞特女士最终想出了一套新的颜色编码系统。每个学生都拿到绿卡、黄卡和红卡，且每种颜色各有一张。当独立学习时，学生们需要把绿卡放在他们的课桌上，表示他们开始工作了。如果他们有问题，便把黄卡放在桌子上，但继续努力做作业，直到萨默塞特女士来帮助他们。有时在萨默塞特女士到来之前，学生已经解决了问题。如果是这样，他们只需换回绿卡就行了。这会为他们赢得萨默塞特女士的称赞和击掌。如果有学生完全被卡住了，根本无法继续做作业，他们就会把红卡放在桌子上，静静地看书，直到萨默塞特女士来帮助他们。这套色卡系统成了萨默塞特女士课堂作业期间的常规组成部分。

在中学阶段，与课堂作业和教师主导的活动相关的规则与程序通常涉及以下几个方面：

- 授课过程中的学生注意力
- 学生参与
- 学生交谈
- 获得帮助
- 离座行为
- 任务完成时的行为

要了解在中学阶段如何解决这些问题，请看下面的案例：

温普尔先生的社会科学课先修班里几乎没有什么规则，因为他觉得自己真的不需要太多规则。在教师主导的活动、小组活动和课堂作业期间，学生的行为通常都很恰当。他注意到的唯一问题是，部分学生的发言占了讨论的大部分内容。他不想扼杀他们的热情，但他希望一些比较沉默寡言的学生能发言。为此，在开始讨论时，他根据讨论时长先发给每位学生一定数量的扑克筹码。学生们在发言之前，必须把其中一个筹码扔进房间中央的盒子里。用完了筹码的学生就只能听。讨论接近尾声时，如果有学生手里的三个筹码一个都还没用掉，温普尔先生就会直接引导他们说出自己的想法。最终结果是，参与讨论的同学变得更多了，而经常参与的同学在发言之前会更仔细地考虑他们的发言内容。

行动步骤2 ▼

让学生参与规则与程序的设计

第二个行动步骤是让学生参与课堂规则与程序的设计。正如在本章相关研究与理论部分所言，最高效的课堂管理者不会简单地将规则与程序强加在学生身上，而是让学生参与规则与程序的设计。

在与学生讨论具体的规则与程序之前，先就现实生活中许多涉及规则与程序的情况进行讨论是非常有益的。例如，大多数学生都了解，家中待客时的餐桌行为规范不同于家庭成员一起进餐时的规则与程序。同样，大多数学生也都知道，人们在教堂内的行为要遵从一些规则与程序，但它们不适用于起居室。讨论这些校外不同场合的规则与程序及其重要性为讨论课堂规则与程序做足准备。

接下来，你可以向学生们介绍已经确定的规则与程序，对每一条进行解释并举例说明。然后，学生们可以讨论这些规则和程序，并可以提议替换、添加和删减内容。如果他们对特定规则或程序的重要性或细节持不同意见，应该留出足够的时间解决这一问题。理想情况下，可以通过小组讨论制订一个大家都能接受的折中规则或程序。如果不能达成一致，作为教师，你应该在讨论中拥有最终话语权。不过，进行讨论会告诉学生你是关心他们的看法和意见的。为了说明如何在课堂上进行这样的讨论，请看下面的案例：

上课的第一天，怀特塞德先生在教室里悬挂了几大张纸，每张纸的顶端印有一条重要的课堂规则，共有七条。学生被分成小组。他发给每组七张便笺纸，让他们写下对每条规则的反应，然后贴在相应的大纸上。他们可以建议保持现有规则，或者提出具体修改意见，甚至提议取消该规则。所有小组都完成后，怀特塞德先生站在每条规则旁边，阅读每组的反馈意见。如果建议达成基本共识，他就承诺会考虑这些建议。如果每组提出的建议截然不同，他就要求每个小组对他们的观点进行解释。讨论过后，怀特塞德先生说他会考虑这些不同的观点。几天后，怀特塞德先生向全班展示了修改后的规则。一些学生很高兴；其他人仍然不满意。然而，规则已然存在，怀特塞德先生已经准备开讲第一单元“政府的原则”了。

小结

课堂规则与程序的重要性不言而喻，但可能因教师而异。规则与程序通常涉及以下几类范畴，包括常规课堂行为规范、上学或上课的开始与结束、过渡与中断、材料和设备的使用、小组活动以及课堂作业和教师主导的活动。无论在何种情况下，让学生参与课堂规则与程序的设计是非常重要的。

第3章

纪律干预

如果说，纪律是很多教师的心病，这有点轻描淡写了。正如J. 罗恩·纳尔逊（J. Ron Nelson）、罗恩·马尔泰拉（Ron Martella）和贝尼塔·伽蓝（Benita Galand）所述，根据每年的盖洛普民意测验，公众一致认为缺乏纪律是公立学校当今面临的最严重问题。虽然盖洛普的研究针对的是学校层面的纪律问题，但任课教师群体才是纪律问题的第一道防线。一个非常令人不安的研究发现是，教师普遍认为他们不仅对处理干扰行为准备不足，而且课堂上干扰行为的数量严重地干扰了他们的教学。据凯瑟琳·科顿（Kathleen Cotton）估计，只有大约一半的课堂时间用于教学，其余大部分时间都用于处理纪律问题。

在进一步讨论这个问题之前，需要指出的是，解决纪律问题并不只是任课教师个人的责任。如第8章所述，有效的纪律是学校层面和班级层面有效管理的结合。在本章中，我们讨论教师个人可以使用的纪律干预措施。更具体地说，我们讨论当学生不遵守如第2章所讲的已建立的规则与程序时，教师可以采用的策略。

相关研究与理论

有人认为，几乎任何形式的纪律处分对学生的行为和学业成绩不仅无效，而且会适得其反。例如阿尔菲·科恩（Alfie Kohn）就在一系列作品中阐述了这一观点。他对纪律干预的不信任，从他对惩戒的评论中可以看出：

> 我们如何惩戒孩子呢？细数一下，无非就是：让儿童回自己的房间；青少年被“禁足”，不许出门；学生放学后被留校。所有人都可能通过“计时隔离”程序被强行隔离。

尽管科恩和其他志同道合的人对不恰当使用惩戒手段和过度依赖惩戒提出了一些有用的观点，但完全拒绝惩戒手段并没有得到研究的支持。恰恰相反，相关研究和理论强烈支持融合多种手段的兼顾方法。例如，斯科特·斯特奇（Scott Stage）和大卫·基罗兹（David Quiroz）的元分析涉及99项研究、200项实验对比和5000多名学生。他们的总体发现是，在他们的分析所涉及的研究中，纪律干预使几乎80%的受试者的干扰行为减少了。由斯特奇和基罗兹确定的四类纪律干预行为与这里的讨论密切相关。它们是：（1）强化；（2）处罚；（3）无直接后果；（4）融合处罚与强化。

斯特奇和基罗兹所指的强化纪律干预手段包括对积极行为的认可或奖励和对消极行为的及时制止。处罚手段是指让不恰当的行为承受某种消极后果。无直接后果，顾名思义，是指对不当行为不施加直接后果，而是在不当行为即将发生时发出某种提醒。例如，对一个通常在课外活动时表现不好的学生，教师应该记得控制好自己。最后，融合处罚与强化的干预手段包括对适当行为的认可或奖励以及对不恰当行为施加消极后果。表3.1显示这些不同类别的效应量。

表3.1中报告的研究结果至少有两个不同寻常的方面。首先，对学生行为采用无直接后果——积极或消极——的纪律干预手段平均效应量最低，为−0.64。尽管它是最低的，但效应量数量并不小。这个道理非常直观。人类在有反馈的环境中表现最佳——在这种情况下，是指区别恰当行为和不恰当行为的反馈。安迪·米勒（Andy Miller）、埃蒙·弗格森（Eamonn Ferguson）和瑞秋·辛普森（Rachel Simpson）回顾相关文献得出的结论也支持这一发现："显然，这些研究结果允许学校在奖励和处罚之间找到一种'健康的平衡'。"

其次，使用处罚作为纪律干预手段的平均效应量相当可观为−0.78。这一点显然与拒绝把任何形式的处罚作为纪律手段的立场相反。这里需要注意的是，这些发现不应被理解为任何形式的处罚都是可行的。事实上，乔治·贝尔（George Bear）在他的研究综述中强烈警告说，相关研究只支持轻度处罚的有效性。

表3.1 斯特奇和基罗兹的研究发现

纪律手段	平均效应量	效应量数量	干扰行为降低的百分位数
处罚与强化	−0.97	12	33
强化	−0.86	101	31
处罚	−0.78	40	28
无直接后果	−0.64	70	24

资料来源：《公共教育环境中减少课堂捣乱行为干预措施的元分析》（*A Meta-analysis of Interventions to Decrease Disruptive Classroom Behavior in Public Education Settings*）。

总之，斯特奇和基罗兹的发现有力地支持了惩戒手段的积极影响。事实上，斯特奇和基罗兹对自己的研究发现做出了如下评论：

> 总之，这项元分析研究表明，减少干扰行为的干预措施在公立学校是有效的……我们希望这些发现有助于大家认清所谓课堂干扰行为无法得到有效管理的谬见，并了解学校广泛使用的干预措施确实减少了干扰行为这一事实。

基于斯特奇和基罗兹的研究发现，我将我的元分析中涉及的相关研究划分为五种干预措施，每一类都包括了对消极后果和积极后果的平衡。我的研究发现显示在表3.2中，即五个类别的平均效应量。如第2章所述，第三栏中的95%置信区间提供了一个估值，表明我们有多大把握相信第二栏中报告的平均效应量是我们在消除研究中所有不可控误差后获得的“真实”效应量。根据定义，任何不包括0.00的置信区间在0.05的水平上都是显著的。

这五种类型的干预措施将在本章的“行动步骤”部分进行深入讨论。简而言之，**教师反应**（Teacher Reaction）是教师向学生表明他们的行为是否恰当的语言和身体行为。**有形识别**（Tangible Recognition）是指向行为恰当的学生提供一种符号或标志，用于奖励或认可恰当的行为。当学生表现出不恰当的行为时，有形识别的标志可能会被收回。**直接成本**（Direct Cost）是指那些让不当行为产生直接和具体后果的干预措施。**群体关联**（Group Contingency）策略是指特定的一组学生必须达到恰当行为的一定标准水平。**家庭关联**（Home Contingency）策略是指在学生家中进行行为监控的策略。表3.2已清楚显示，所有五种类型的干预措施都使干扰行为的数量有所减少。

纪律干预程序似乎对减少所有年级学生的不当行为都有影响。如表3.3所示，年级越低，纪律干预的效果越大。但这并不意味着在高中阶段的纪律干预是无效的。事实上，高中阶段-0.694的平均效应量可以解释为干扰性行

表3.2　纪律干预效应量

纪律干预种类	平均效应量	95%置信区间	受试者人数	研究数量	干扰行为降低的百分位数
教师反应	−0.997	(−0.907)到(−1.087)	1191	25	34
有形识别	−0.823	(−0.669)到(−0.977)	672	20	29
直接成本	−0.569	(−0.309)到(−0.829)	243	7	21
群体关联	−0.981	(−0.781)到(−1.181)	417	13	34
家庭关联	−0.555	(−0.251)到(−0.858)	169	3	21

表3.3　不同年级纪律干预效应量

年级	平均效应量	95%置信区间	受试者人数	研究数量	干扰行为降低的百分位数
高中	−0.694	(−0.527)到(−0.862)	562	7	25
初中	−0.762	(−0.536)到(−0.987)	312	10	28
小学高年级	−0.953	(−0.863)到(1.1044)	1926	33	33
小学低年级	−1.046	(−0.884)到(−1.208)	622	18	35

为下降了25个百分位点。

元分析结果有力地证明，适当的纪律干预会对学生行为产生积极的影响。另外，还有证据表明，家长希望教师们能管教他们的孩子。例如，在一项对中学生家长的调查中，约翰·科尔德隆（John Coldron）和帕姆·博尔顿（Pam Boulton）报告说，“许多家长表示，希望学校以公平、坚定但不严苛的方式实施纪律管理”。

研究学生意见同样具有启发性。例如，关于各种形式的惩罚和奖励的有效性，一些研究对学生的看法进行了调查。安迪·米勒、埃蒙·弗格森和瑞秋·辛普森调查并比较了大约50名小学生及其家长对学校和教师行为的看法。这些行为是指一般被家长和学生解释为学生不当行为的消极后果。表3.4总结了他们的研究发现。虽然他们的研究是在英国学校进行的，但我们有理由认为，美国学生和英国学生在这个问题上几乎没有差异。

表3.4　家长与学生对消极后果的排名

消极后果	家长排名	学生排名	平均排名
将学生不当行为通知父母	1	2	1.5
学生被移送校长	2	5	3.5
教师私下解释其错误行为	3	6	4.5
教师公开训斥学生	4	4	4.0
教师私下训斥学生	5	8	6.5
游戏时间被留在教室	6	9	7.5
教师在全班面前解释错误行为	7	3	5.0
学生不允许参加学校组织的旅行	8	1	4.5
学生被调换座位	9	10	9.5
学生到另一个教室做未完成的作业	10	7	8.5

资料来源：改编自安迪·米勒、埃蒙·弗格森和瑞秋·辛普森的《小学奖励和惩罚的感知有效性：补充父母视角》（“The Perceived Effectiveness of Rewards and Sanctions in Primary Schools: Adding in the Parental Perspective”），《教育心理学》[*Educational Psychology*, 18(1), 55-64], Copyright © 1998 Taylor & Francis Ltd（版权归泰勒弗朗西斯有限公司所有）。

表3.4中的结果与表3.5中的结果形成了有趣的对照。表3.5报告了家长和学生对恰当行为的积极后果的评价。请注意，在表3.4中，将学生在学校的不当行为通知父母被家长列为最有效的消极后果，学生将这一做法排在第二位。在表3.5中可以发现同样的模式。将学生在学校的良好行为通知父母被家长排在第一位，学生把这一项排在第二位。从这项研究来看，与家庭的沟通既可以作为一个强有力的消极后果，也可以作为一个强有力的积极后果。

关于学生对纪律的看法，帕特里夏·科尔尼（Patricia Kearney）、蒂莫西·普莱斯（Timothy Plax）、埃利斯·海斯（Ellis Hays）和玛丽莲·艾维（Marilyn Ivey）进行的一项研究中出现了一个有趣的观点。他们向学生询问

表3.5 家长与学生对积极后果的排名

积极后果	家长排名	学生排名	平均排名
将学生的良好行为通知父母	1	2	1.5
学生获得高分	2	1	1.5
学生获得工作良好的书面评价	3	3	3.0
在其他学生面前表扬学生	4	6	5.0
在大会上点名表扬学生	5	4	4.5
展示学生作品	6	5	5.5
私下表扬学生	7	9	8.0
学生被其他同学表扬	8	7	7.5
表扬全班同学	9	8	8.5

资料来源：改编自安迪·米勒、埃蒙·弗格森和瑞秋·辛普森的《小学奖励和惩罚的感知有效性：补充父母视角》（"The Perceived Effectiveness of Rewards and Sanctions in Primary Schools: Adding in the Parental Perspective"），《教育心理学》[*Educational Psychology*, 18(1), 55–64]，Copyright © 1998 Taylor & Francis Ltd（版权归泰勒弗朗西斯有限公司所有）。

了教师的不当行为。确切地说，他们要求学生描述他们认为不恰当的教师行为。254名学生共产生了1762个他们亲眼看到的教师不当行为的具体实例。该清单包括以下内容：

- 旷工
- 迟到
- 让学生超时学习
- 提前下课
- 讲课偏离主题
- 备课不足或没有条理
- 返回学生作业不及时
- 讽刺和贬低
- 语言暴力
- 不合理和武断的规则
- 对学生的问题缺乏回应
- 性骚扰
- 对学生漠不关心
- 不公平的评分方法
- 消极人格
- 偏袒

这项研究传达出的一个明确信息是，学生们对行为规范有一种强烈的"公平"感。如果他们觉得教师的行为不当，他们会抵制教师监督他们的行为。同样，应该注意的是，这项研究是对大学生进行的调查，但我们有理由相信，这些研究发现至少应该适用于高中生。

最后，一些研究表明，公立学校的年级越高，出现的纪律问题就越多。

这可能是由以下几个因素造成的，如同伴影响、环境影响、性别差异以及青春期引起的情绪和行为困难。

纪律干预项目

强调纪律的项目众多，本节讲述其中两个：**思考时间**（Think Time）和**果断纪律**（Assertive Discipline）。

思考时间是一个结构非常严谨的项目，已被证实可以减少学生的干扰行为并提高学生的参与度。它有三个基本目标：

- 当学生发生干扰行为时，为全校教师提供统一的惩戒性后果。
- 对学生的干扰行为提供反馈，并制订计划以避免将来发生类似行为。
- 促使教师和学生切断消极沟通，开始积极沟通。

我们将在第8章中进一步探讨思考时间项目，届时我们将讨论全校性项目。简而言之，**思考时间**的典型特征之一是"思考时间教室"——一个专用的房间，当教师无法成功解决常规教室中的干扰行为时，学生会被送到这里。一种共生关系把思考时间教室和普通教室联系在一起。教师遵循特定的程序并尽最大努力在常规课堂中处理不当或干扰行为。但是，如果学生在常规课堂上对教师的要求不能或不愿做出反应，他们会被送到思考时间教室。在那里，他们要认真分析和思考自己的行为，直到他们意识到自己的错误，了解了恰当行为是什么并愿意采用，才能回到常规教室。

果断纪律是一个被广泛使用的项目，起源于传统的行为矫正法，即学生的不当行为会导致特定的消极后果。正因如此，一些人认为它植根于"干涉主义"的意识形态。一些人相当严厉地批评了这个项目，例如，科恩在他的书《被奖励惩罚》（*Punished by Rewards*）中表达了这样的观点：**果断纪律**从根本上说是有缺陷的。他还指出，"这个项目就像所有学校或家庭使用的胡萝卜加大棒的方法一样，即使成功地维持了课堂秩序，也并不能帮助孩子们成为善于思考、富有同情心的人”。

其他一些研究人员不赞同科恩的否定意见。他们认为，仔细分析对该项目的相关研究会得出不同的结论。事实上，科恩的反对意见是针对果断纪律的原始版本。自创立以来，该项目已经发生了相当大的变化。第一，它更清晰地区分了规则和指南。规则通常一直有效，而指南则因活动而不同。第二，学生的偏离任务**干扰**行为不同于偏离任务**非干扰**行为。如果一个学生偏离任务开小差，但没有打扰任何人，教师会重新引导他的行为，不会实施任何惩戒性后果。第三，当前版本强调的是恰当行为的积极后果，而原始版本更强调不当行为的消极后果。第四，消极后果保持在最低限度——重点是不当行为结果的一致性，而不是严重性。第五，追踪学生的行为是一种私人事件而不是公共事件。后者是最初版本的一个突出特点。

实施当前版本的**果断纪律**需要五个步骤。第一步的重点是建立一个积极的纪律氛围。这就要求教师以积极的期待取代对学生的消极期待。第二步是教师学习并实践果断行为。具体来说，教师要了解果断、不果断和敌对行为之间的区别。理想情况下，教师会不断实践果断行为，直到成为一种习惯。一般来说，果断教师的反应是以坚定、冷静和高效的方式表达不赞同的态度，并说明其期待的行为。第三步是建立界限及明确后果。为了提醒学生他们已接近界限，教师可以给提示进行提醒、提出问题，或者偶尔提出要求。第四步是，如果学生超越了界限，就让其承担相应的后果。第五步是，实施对积极行为给予奖励或积极后果的制度。**果断纪律**的变化是实质性的，已不是普遍认为的只采用消极后果，而是平衡地采用消极后果和积极后果。

行动步骤

行动步骤1 ▼

采用特定手段认定并强化可接受行为，认定不当行为并给予消极后果

如前所述，我的元分析确定了五类纪律干预手段用以平衡积极后果和消极后果：教师反应、有形识别、直接成本、群体关联和家庭关联。该行动步骤适用于所有五个类别。

▶ 教师反应

教师的口头和肢体反应（Verbal And Physical Teacher Reactions）是认定并强化可接受行为以及认定不当行为并给予消极后果的最简单方式。埃默、埃弗森和沃沙姆列出了多种教师反应，其中包括以下内容：

- 靠近违规学生，与其进行眼神交流，提醒学生的不当行为。这是一种细微但有力的方式。
- 释放身体信号表明学生的某种行为不恰当，如把手指放在嘴唇上或摇头。
- 如果学生没有遵守程序，简单地口头提醒学生——尽可能私下并以含蓄的方式进行。你还可以告诉学生预期的恰当行为。
- 如果一个学生只是“偏离任务”而没有不当行为，只需告知其预期的恰当行为。
- 如果学生对细微的干预没有反应，直接告诉学生停止不当行为。

这些做法虽然简单，但已被证明可以减少学生的不当行为。

刺激提示（Stimulus Cueing）是另一种教师反应策略。它是指在不当行为发生之前给学生发出提示。例如，教师可能知道某一学生通常会在严重的干扰行为之前开始与周围的学生说话。有了这种预先确定的条件并与学生事先做好沟通，每次他开始与周围的人说话时，教师就在其课桌边摊开的记事本上做一个标记，从而私下提示学生，他后面的行为可能会对他产生消极后果。

上面的例子都是针对的不当行为。教师反应也是强化恰当行为的有效方法。理查德·柯文和艾伦·门德勒在其著作《有尊严的纪律》中介绍了一种他们称为**“发现一个好学生”**（Catching A Student Being Good）的策略。他们解释道：

> 每隔15到20分钟（中学里每节课2到3次）发现一个表现良好的学生……上前轻轻地与其说话，不要让其他同学听见。告诉学生你喜欢他/她专心听讲的样子，或者他/她的家庭作业做得很好，非常详细，或者他/她在课堂上提出的问题非常发人深省……这种策略有助于保护学生的隐私，因为其他学生永远不会知道你们的悄悄话是积极反馈还是消极后果。学生可能会将对话公开，但他自己要对泄露的隐私负责。

柯文和门德勒断言，学生非常期待这种积极的教师反应。如果没有明显的“好行为”，教师无法做出反应时，学生们会认为这是一种轻微的消极后果。

总之，不管是对学生行为的正面鼓励还是负面惩戒，教师反应都是一种直接而有力的方式。以下案例说明了两种不同的教师反应策略：

- 伍德女士很了解她的学生。当科林在课堂讨论中开始捣乱时，她只是走到他身边，靠在他的桌子上，没有打断讨论。当他停止捣乱时，伍德女士便继续往前走。对肖娜来说，主动出击更有效。肖娜经常需要削铅笔，而且在去拿铅笔刀的路上，还会打扰其他同学。通过仔细观察肖娜，伍德女士降低了她这种行为的频率。每次当她拿出一支削尖的铅笔时，伍德女士马上走过去，称赞她准备得充分，上课期间都不用离开座位了。

- 福赛德先生知道，许多八年级学生都不太喜欢引起关注，哪怕是正面关注。因此，他设立了一个微妙的“竖起大拇指”的信号来强化积极行为。他的目标是，至少每节课一次，他能抓住学生的目光并给他/她送出这个点赞信号。他知道学生们渴望这种认可，并且他发现这样做让他在一天工作结束后感觉非常好。

有形识别

顾名思义，**有形识别**是指用一些具体符号代表恰当的行为。这类方法有时被称为**代币经济**（Token Economies），因为它们经常涉及为学生的恰当行为和中止不当行为提供某种代币。学生们可以用这些代币换取特权、活动参与资格或物品。最初，对代币经济的研究仅限于改善积极行为。然而，研究表明，如果代币用以奖励积极行为，而当消极行为发生时则会被收回，这种方法才是最有效的。

如定义所言，**有形识别**包括教师提供的任何类型的具体认可或奖励。应当注意，任何有形识别制度背后的基本原理都值得进行深入讨论。此外，有形识别要确保不会被视为或用作与学生行为相关的某种贿赂或胁迫形式。这可能也是科恩反对这种体系的最大原因——他也完全有理由这样做。下面的案例讲述了一位教师实施有形识别的方法：

上课开始时，鲍威尔先生让他的学生填写以下目标卡：

日期	今日目标	自我评估	任务专注度
	1. ________ 2. ________ 3. ________	1. ________ 2. ________ 3. ________	

在“任务专注度”单元，学生们给自己打了5分。这些分数作为学生课堂参与成绩的一部分记录在成绩册上，但学生们积累的这些分数也可以用来交换每月指定的快乐牧场日（Jolly Rancher Days）活动。（鲍威尔先生感到惊讶的是，为了“快乐牧场日”，一些学生真的很想得到这些积分。）在课堂上，如果一个学生开小差儿，鲍威尔先生就会走过去划掉5分，写上4分。一旦他注意到这个学生又回到了任务上，并且一直保持，他就把4分再改回5分。他相信，大多数情况下，学生们都很清楚他为什么要加分，为什么减分，所以除非绝对必要，他什么都不用说。他发现，使用这种体系，他与学生的所有谈话交流都集中在了他们行为的积极方面而不是消极方面。

▶ 直接成本

如本文所述，直接成本主要针对学生行为的消极后果而不是积极后果。顾名思义，这些策略涉及对学生的不当行为给出明确和直接的后果。一项强有力的直接成本策略是隔离时间。

隔离时间（Isolation Time Out）是指将学生从教室转移到专为捣乱学生准备的地点。虽然这种策略最初是特殊教育中为有严重行为障碍的学生设计的，但它在常规教育环境中的使用也相当成功。应该注意的是，如果教师只是希望“摆脱”某一行为问题而不是解决问题，那隔离时间策略很容易被滥用。

隔离时间的有效利用要求学生清楚地了解哪些具体行为会导致使用隔离时间。同时，学生应该意识到，只有在常规课堂中其他纠正干扰行为的方法都失败后，隔离时间才会被使用。下面的案例描述了一位教育工作者是如何应用隔离时间策略的：

在美因中学，当一个行为问题不能在课堂上解决时，学生通常被送到副校长办公室旁边的一个小房间里“计时隔离”。副校长经常与需要计时隔离的学生进行交流，担任执行这项纪律处分的角色。然而，坎宁女士希望这个房间按照它的初衷使用，即作为暂停室让违规的学生与其他人隔离。她要求，当她把学生送到隔离教室时，任何人都不能与他们交流。“我会尽快下来解决这个问题，但是我不希望学生与其他人交流。重要的是，我要和学生一对一地处理这个问题。这是我彻底解决问题并与学生保持良好关系的唯一方法。”副校长对这种方式表示理解和感谢。

矫枉过正（Overcorrection）是当学生的不当行为破坏或改变了教室的外观时所使用的一种程序。例如，如果一个学生的不当行为导致一张课桌被推倒，那么矫枉过正干预要求学生不仅要摆好翻倒的桌子，而且还要整理整个教室。也就是说，学生需要对自己的行为进行过度补偿，从而对其不当行为的后果发出强有力的信号。下面的案例描述了如何使用矫枉过正策略：

特雷尔非常不高兴，因为他必须坐在教室里修补字典里所有破损的书页。不当地是，他前一天在课堂上发脾气，弄坏了他一直在用的字典。另外，这已经不是他第一次损坏自己的书本了。因此，他的老师安排了几次放学后的修补书本活动，由特雷尔用胶带粘好撕坏的书页并擦除里面杂乱的痕迹。老师还利用这段安静、专注的时间尝试与特雷尔沟通，和他聊一聊如何改变他的脾气。

▶ 群体关联

群体关联（Group Contingency）手段的运作方式类似于有形识别，但只适用于预先建立的学生群体，而不是个人。例如，如果全班同学在一整节课期间都记得先举手再发言，或者全班同学全天忘记举手的次数不高于某一个事先确定的数字，他们就可以获得奖励。研究者和理论家通常会区分相互依赖型群体关联手段和依赖型群体关联手段。**相互依赖型群体关联（Interdependent Group Contingency）**手段要求群体中的每个学生都要达到行为标准才能使群体获得奖励。前面的例子就解释了相互依赖型群体关联手段，因为在发言前举手的目标行为适用于班内所有学生。**依赖型群体关联（Dependent Group Contingency）**手段要求群体中的一个或一组特定成员满足群体行为标准，便能使群体获得奖励。在上述例子中，如果要求班上被挑选出来的一个或几个同学遵守举手的规则，而整个班级都可得到奖励，这就属于依赖型群体关联。

显然，依赖型群体关联策略给那些被挑选出来的学生施加了很大的同伴压力。事实上，这似乎正是它起作用的原因之一。但是，一些教师担心这种方法会让被挑选出来的学生感到尴尬，这也是有道理的。因此，我建议教师谨慎使用依赖型群体关联手段。下面的案例讲述了群体关联的一种用法：

马尔登女士很喜欢让她班上的学生通力合作，感受集体感。“我们一起沉浮。”她经常提醒他们。新学年一开始，她就建立了行为规范。如果每个学生都能遵守，班级就会赢得压力点。例如，如果每个学生在数学课结束后都按照程序收好材料，整个班级就获得25个压力点。然后，他们可以利用这些压力点与马尔登女士谈

> 判——向她“施压”——推迟考试、安排“无作业之夜”或者为大的研究课题留出额外时间等。这个计划不仅让班级作为一个集体获得积分，还会促使他们就如何使用积分达成共识。

▶ 家庭关联

正如本章相关研究和理论部分所讲，与家庭的沟通可以成为积极后果和消极后果的有力形式。**家庭关联（Home Contingency）**最基本的形式就是通过给父母写便条、写信、打电话或拜访让家长知道自己孩子的积极行为和消极行为。一些教师设计了可以预先打印好的便条，上面有添加评论的空白处。这种形式既可用来传达消极行为，也可用来传达积极行为。

具体来讲，你可以建立一个在学生家庭里实施的积极和消极后果体系。这需要与学生家长进行面对面的商谈，确定行为后果的细节。（我们将在第4章和第6章讨论这些商谈的具体情况。）例如，你可以和一位学生家长会面，讨论你要针对的具体课堂行为。你和学生的父母一起确定学生恰当行为的积极后果和不当行为的消极后果。制定好这些规范之后，你就可以追踪学生的行为并系统地向家长报告，以便他们可以实施相应的积极后果和消极后果。下面的案例讲述了一名教师是如何使用家庭关联手段的：

> 卡拉和凯莎是她们班上受欢迎的双胞胎，然而，原因却是她们是“班级小丑”，经常搞得比蒂先生很难把教学进行下去。当卡拉和凯莎似乎在竞争谁是最出彩的小丑时，这种行为更是具有干扰性。在用尽了惩戒手段后，比蒂先生联系了这对双胞胎的父母。他们显然意识到孩子们确实会做出这些行为，但他们也不确定自己能做些什么。为了共同解决问题，双方同意，比蒂先生每周五下午给家长打电话汇报双胞胎的行为。如果这两个女孩整个星期都专心学

习并且表现良好，她们便可以在周五晚上租电影看。这是她们喜欢做的事情。但是，一份糟糕的报告不仅意味着没有电影，也意味着没有电视或电脑时间——所有屏幕时间都没有。比蒂先生在第一个星期就看到了效果。

行动步骤2 ▼

为不可接受行为设立明确的界限，建立记录行为的有效体系

若想有效地利用积极后果和消极后果，必须建立界限。例如，设想你正在使用群体关联方法减少学生不举手就发言的次数。想要所有学生每次发言前都先举手是不现实的。根据学生的意见和讨论，你可以确定在特定的时间间隔内——比如一节课——可以接受的“协议内错误”的数量。如果学生的违规次数低于这个标准数量，学生将得到某种具体形式的认可。如果违规数量超过限制，则不会获得任何奖励。

设置界限是让学生参与自我管理的绝佳机会。与其你自己单独来建立界限，不如让全班同学一起讨论目标行为的重要性以及对该行为的合理期待，然后建立相应的界限。通过共识建立的界限是作为教师的你将会采用的界限。下面的案例讲述了一位教师建立界限的方法：

坎贝尔女士向她的学生解释说，她有一个“不准吃糖果和口香糖”的规定，因为她想帮助那些保洁人员，他们讨厌花费很多时间从学校的家具和地毯上清除黏糊糊的口香糖和糖果。学生们非常理解她，但认为在课后留校之前应该有一些回旋余地，尤其是在到处都是糖果的节日期间。坎贝尔女士最终同意，学生第一次被发现携带糖果或口香糖将被警告；第二次被发现，他们将被课后留校；第

三次被发现，学生将被课后留校并帮助保洁员清扫学校。

一旦建立了界限，你要有一个良好的记录程序来追踪学生的行为。一般来说，记录格式越简单越好。果断纪律的最初版本使用了非常详细和公开的记录形式，即在白板上做标记。现在，不太引人注目的记录方式更普遍，比如教师或学生或者两者同时私下进行记录。这并不是说公开记录是无效的。如果使用得当，它的效果很好。然而，高度公开的记录方法存在的风险是可能将学生的注意力从行为转移到做记录。下面的案例是一个教师的保存记录方案：

巴贝奇夫人擅长用她的平板电脑保存大量的学生记录。她不仅记录学生成绩和各种轶事，她还有一个编码系统，即用小图标和计数符号追踪学生的积极行为和消极行为。例如，当学生努力学习、热情参与时，或者相反，当学生不专心学习、具有干扰性时，她可以很快地在学生的个人记录中记录这些行为。她可以随时向学生展示他们的个人数据，并根据情况悄悄地表扬或警告他们。

小结

纪律干预的指导原则是，要合理兼顾不当行为的消极后果和恰当行为的积极后果。可以同时应用于积极后果和消极后果的具体纪律干预手段包括教师反应、有形识别、直接成本、群体关联和家庭关联等。无论采用哪种方法，重要的是要建立行为界限和行为记录体系，让你能够有效地、不动声色地追踪学生的行为。

第4章 师生关系

除了规则与程序和纪律干预之外，有效课堂管理的第三个方面是师生关系。有人认为师生关系是其他要素的基石。如果师生关系融洽，那么学生更乐于接受规则与程序以及违反规则与程序之后的纪律处分。如果没有良好的师生关系做基础，学生通常会抵触规则和程序以及随之而来的纪律处分。同样，这个道理很直观。

相关研究与理论

我对师生关系的元分析结果见表4.1。最令人吃惊的研究发现可能不是平均效应量-0.869（这本身就相当大，令人印象深刻），而是初中和小学高年级的极大效应量。（注意，没有数据可用于计算小学低年级的平均效应量。）我要提醒的是，如果有更多关于师生关系对学生行为影响的研究，这些很高的平均效应量数值可能会下降。它们确实比社会科学研究中常见的数值要大得多。但是很明显，师生关系对高中以下的学生来说极其重要，因此，对学生的行为有深远的影响。

表4.1 师生关系效应量

	平均效应量	95%置信区间	受试者人数	研究数量	干扰行为下降的百分位
师生关系	-0.869	（-0.743）到（-0.995）	1100	4	31
高中	-0.549	（-0.338）到（-0.760）	720	2	21
初中	-2.891	（-1.786）到（-4.008）	350	1	50
小学高年级	-1.606	（-1.364）到（-1.849）	350	1	45

注：没有相关数据可以计算小学低年级的效应量。

师生关系的重要性除了元分析研究结果的支持外，还有更感性的证据。举例来说，在一项涉及68名高中生的研究中，84%的人提到，所发生的纪律问题本可以通过更好的师生关系避免的。罗莎·希茨（Rosa Sheets）和日内瓦·盖伊（Geneva Gay）在文献回顾中指出，许多行为问题最终都归结为师生关系的破裂："许多被贴上违规标签并受到惩戒的课堂行为发生的原因实际上是学生和教师人际关系的问题。"一些研究人员认为，师生关系的破裂是因为许多教师将自己与学生的关系定位为"我们-他们"的对立关系。

研究人员曾反复尝试确认教师具有哪些特点才更容易得到学生的喜爱，从而更容易与学生保持良好的关系。这些研究确定了诸如体贴、乐观、耐心等特征，但并没有关注师生关系本身的内部作用机制。当然，也有很多研究直接或间接地关注了这个问题。

就课堂管理技巧而言，在确定有效的师生关系的内部作用机制方面，西奥·乌贝尔（Theo Wubbels）和他的同事们做了最有用的尝试之一。以蒂莫西·利瑞（Timothy Leary）早期的工作为基础，乌贝尔和他的同事们确定了两个维度，两者之间的相互作用定义了教师和学生之间的关系。一个维度是主导与顺从；另一个维度是合作与对立。

高主导性的特点是明确的目标和有力的指导。教师应提供包括学术和行为上的目标和指导——也就是说，教师要提供课堂学习内容和课堂行为规范的目标和指导。这当然都是高主导性的积极特征。然而，高主导性也可能表现为缺乏对学生利益的关注和关心。这个连续体的另一端——高顺从性——的特点是缺乏清晰度和目的性。这一连续体的两端——极端主导和极端顺从——都不能定义为最佳的师生关系。第二个维度——合作与对立——也是如此（见图4.1）。

高度合作的特点是关心他人的需求和意见，渴望作为团队的一员而不是作为个体发挥作用。同样，这些都是它的积极特征。但是极端合作的特点是没有其他人的意见和认可就无法行动或无法决定是否行动。极端对立——这一连续体的另一端——的特征是对他人的主动对抗以及阻挠他人实现目标和愿望的欲望。同样，任何一个极端——极端合作或是极端对立——都不能被视为有利于学习的师生关系类型。只有中高度主导（相对于极端主导）和中高度合作（相对于极端合作）的正确结合才是有利于学习的最佳师生关系。图4.1说明了这种关系。

图4.1中的阴影部分是在主导和合作方面最佳师生关系区域。再次强调，请注意，这个区域不包括极端主导或极端合作。正如乌贝尔和他的同事所说：

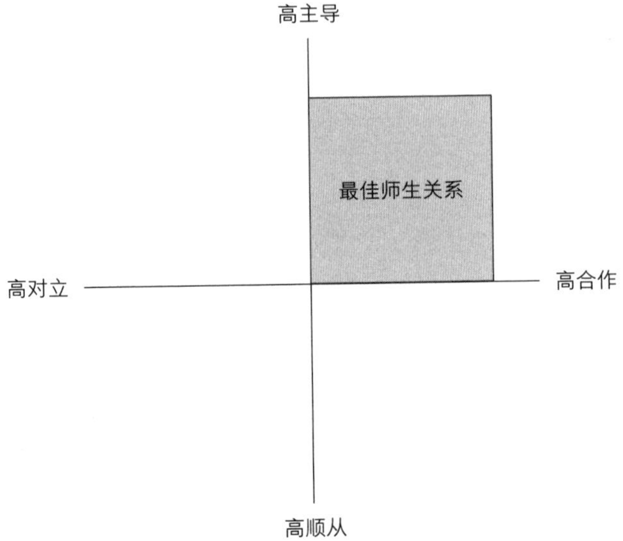

图4.1　主导与合作的相互作用

> 简而言之，教师不仅要友好、乐于助人、和蔼可亲，还应该是高效指导者和讲师。他们要能够同情学生，理解他们的世界，并倾听他们的声音。优秀教师在与学生沟通的方式上不会有不确定性、犹豫不决或令人困惑。他们不会发牢骚、沮丧、不满、咄咄逼人、讽刺或脾气暴躁。他们要能够设定标准并保持控制，同时又给予学生承担责任和自由学习的空间。

有趣的是，当教师刚进入这个行业时，他们更容易表现出高度合作的行为。然而，由于缺乏领导岗位经验，他们不太擅长表现出高度主导的行为。随着时间的推移（6到10年），他们在主导行为方面会变得相当有能力。不幸的是，他们变得不那么合作了。正如乌贝尔和他的同事所说："教师的合作行为似乎在减少，而对立行为在增加。这种变化对学生的态度产生了负面影响。"

连黄邱（Lian Hwang Chiu）和迈克尔·塔利（Michael Tulley）进行的一项研究支持了乌贝尔及其同事的研究结论。他们对712名（368名男生和344名女生）四、五、六年级的学生进行了访谈。学生对教师管理风格的偏好有四个选项：（1）规则/奖励-惩罚（rules/rewards-punishments）；（2）关系-倾听（relationship-listening）；（3）面对-协商（relationship-listening）；（4）没有合适选择（no preferred approach）。前三种方法是基于查尔斯·沃尔夫冈（Charles Wolfgang）和卡尔·格里克曼（Carl Glickman）对课堂管理风格的描述。**规则/奖励-惩罚**风格的名称很好地描述了它的内容。使用这种风格的教师会清楚地阐述规则和程序并呈现给学生。按照规则行事会得到积极后果；不按照规则行事会导致消极后果。**关系-倾听**风格的特点是很少或根本不强调纪律问题本身。相反，它的重点是关注学生关心的事务。最后，**面对-协商**风格的特点是直接关注纪律问题，但不是以教条的方式。除了对不恰当的行为实施消极后果，教师还表现出对学生需求和偏好的关心。表4.2汇总了学生的答案。

表4.2中的数据证实了学生对面对-协商风格的明显偏好。选择面对-协商方法的学生比例至少是选择其他方法的两倍。可以说，面对-协商换个名字就是乌贝尔所定义的适当主导性与适当合作性的结合。

杰瑞·布罗菲和卡罗琳·埃弗森的一项研究也支持教师的主导与合作相结合的重要性。他们研究了大约30名二年级和三年级教师的做法。与随机选择的对照组教师相比，这些教师取得的成就一直超过预期。他们还指出：

> 那些有内在控制感并对课堂上发生的事情负责任的教师表明**他们在掌控着课堂**（原文强调）。他们设计并维护了课堂的总体学习环境。尽管教师们经常征求或接受孩子们的建议，但他们仍然控制着事情的进展、进展的方式以及进展的时间。这些教师往往也是使

学生获得学习成果方面最成功的人。

布罗菲和埃弗森的最终结论与乌贝尔得出的结论基本一致。最佳的师生关系是主导与合作的对等结合。

表4.2 学生对管理类型的偏好

年级	性别	规则/奖励-惩罚	关系-倾听	面对-协商	无偏好	总计
四	男	22(20%)	16(15%)	67(62%)	3(3%)	108
四	女	24(27%)	16(18%)	47(53%)	2(2%)	89
五	男	16(14%)	27(24%)	65(57%)	6(5%)	114
五	女	9(10%)	18(20%)	59(64%)	6(7%)	92
六	男	21(14%)	34(23%)	80(55%)	11(8%)	146
六	女	29(18%)	24(15%)	102(63%)	8(5%)	163
总计		121(17%)	135(19%)	420(59%)	36(5%)	712

资料来源：经许可改编自连黄邱和迈克尔·塔利的《学生对教师纪律风格的偏好》("Student Preferences of Teacher Discipline Styles"),《教学心理学期刊》[*Journal of Instructional Psychology*, 24(3), 169–175], Copyright © 1997。

最后一类研究探讨了不同类型学生的需求，为有效师生关系的本质提供了一个有用的视角。除了被监禁的和生活在精神病院的儿童青少年外，公立学校的老师必须和美国所有孩子打交道。学生们带着生活中一系列令人震惊的严重问题走进教室。表4.3简要总结了美国学生在生活中面临的一些问题以及教师因此也必须应对的问题。

表4.3报告的研究结果确实发人深省。美国学生面临的各类问题同样令人深思。在虐待儿童相关研究的文献回顾中，罗斯·汤普森（Ross Thompson）和詹妮弗·怀亚特（Jennifer Wyatt）指出，在学校出现行为问题的学

生，大部分曾遭受身体或性虐待，被虐待的学生估计多达60%至70%。12%至22%的在校儿童患有精神、情感或行为障碍，但接受精神健康服务者相对较少。据美国人口统计政策中心主任估计，40%的年轻人因为校外的严重问题而面临着学业失败的风险。最后，学校顾问协会也指出，18%的学生有特殊的需求，需要特别干预和治疗，而这些往往不是任课教师可获得的常规资源。

表4.3 美国学生面临的严重问题种类

类别	统计数据
无家可归	任意一个晚上，70万人无家可归。 每年有200万人无家可归。 1200万人在一生中的某个时刻曾无家可归。 40%的无家可归者生育出无家可归的孩子。
抑郁	任意一年中，约有8%的青少年患有抑郁症。 9到17岁的青少年中，有5%患有抑郁症，只有少数得到了医治。
自杀	15到19岁的年轻人中，自杀造成的死亡率高于任何疾病。 10到14岁的孩子中，自杀是第四大死因。
暴力	大多数被停学或开除的暴力和攻击性学生都有明显的药物滥用或精神健康障碍。 超过56%的青少年是发生在校园里的情感和身体攻击的暴力受害者。 超过50%的男生和25%的女生报告说他们在学校受到过身体侵犯。 20%的儿童和青少年（大约1100万人）被诊断出有发展、行为和/或情感问题，增加了他们成为暴力受害者和/或施暴者的风险。
饮食失调	15%到18%的高中生表现出暴食症症状。 5%到10%的神经性厌食症患者是男性。
酗酒	美国20%的儿童在酗酒的家庭中长大。 与不酗酒的家庭相比，酗酒的家庭更易于公开地表达愤怒，而表达温暖、凝聚力和直接交流的程度很低。 在大约81%的虐待儿童案件中，酒精是一个重要因素。

续表

类别	统计数据
注意力缺陷与多动症	3%到7%的学龄儿童患有注意力缺陷与多动症（ADHD），大部分是男孩。 在160万患有ADHD的小学年龄段的儿童中，大约50%同时有学习障碍。 ADHD注意缺陷亚型的患病率为3%到5%。 近70%的ADHD患者同时患有其他疾病，如学习障碍、情绪障碍、焦虑等。
性取向	6%的学生称自己是同性恋或双性恋，13%的学生不确定自己的性取向。同性恋和双性恋学生出现心理健康问题和饮食紊乱的比率高于平均水平，并且更担心性伤害。
父母被监禁	150万儿童的父母被监禁。 1000万年轻人曾有母亲或父亲或双亲入狱的经历。
贫困	大约1570万儿童生活在收入低于贫困线的家庭中。几乎50%的单亲母亲家庭中的孩子是贫困的。 400多万儿童是挂钥匙儿童（父母因工作外出，孩子放学后独自在家）。 50%的城市和农村贫困学生表现出学习、行为和情感问题。
性虐待和身体虐待	1993年，据报道有155万名儿童遭受虐待，另有122万名儿童处于迫在眉睫的危险之中，说明1986年至1993年期间虐待率几乎翻了一番。 平均而言，每天平均超过5名儿童死于来自他们的监护人的伤害或长期无温饱。

学校可能是唯一能够满足这些面临极端挑战的儿童需求的场所。尽管解决这些严重的问题通常不是学校的常规工作，但却是当今学校不幸要面对的现实。杰尔·布罗菲将这个问题作为**课堂策略研究**的一部分进行了研究。这项研究对98名教师进行了深度访谈和观察，其中一些教师被认为是高效管理者，而另一些则不是。研究的核心是向教师提供一些特定情境下的特定类型的学生实例（如敌对–攻击性学生、被动–攻击性学生、多动症学生）。这项研究的众多发现之一是，最高效的课堂管理者往往对不同类型的学生采用

不同的策略，而低效管理者则不然。具体来说，高效管理者会根据学生的独特需求，为特定学生选用最合适的策略。尽管布罗菲并没有从师生关系的角度阐述他的研究结果，但这种联系是显而易见的。有效的管理者不会对所有学生采用相同的策略，尤其是在涉及行为问题的情况下。有些学生需要鼓励，有些学生需要温和的训斥，还有些学生可能需要的是不那么温和的训斥。事实上，布罗菲强烈建议教师开发一套“帮助技能”用于应对不同类型的学生。

师生关系项目

同样，没有一个项目是专门关注师生关系的。但是，有一个项目在师生关系方面非常强大，是最受欢迎的员工发展项目之一。**教师期待与学生成绩**（Teacher Expectations and Student Achievement，TESA），是一个完善的教师培训项目，被誉为“全美员工发展项目中最常用的产品之一”。它是基于对教师期待的广泛研究。

TESA的基本原则是，教师应该确保自己的行为对所有学生都是平等和公平的，从而创造一种所有学生都感到被接受的氛围。根据这一原则，该项目重点关注公认的高成就者中最常见的15种教师行为。

这些行为分为三类：反应机会、反馈和个人关注。**反应机会类（Response Opportunities）**是指公平分配积极回应、帮助学生个人、等待反应（即教师等待学生反应的时间）以及提问类型。**反馈类（Feedback）**强调对正确行为的肯定、表扬以及表扬的理由、倾听和接受学生感受。**个人关注类（Personal Regard）**涉及亲近、问候、个人兴趣、触摸和中止。对TESA的初步研究表明，它对教师行为、学生行为和学生学业成绩有积极的影响，但还有一些研究表明其效果好坏参半。

行动步骤

行动步骤1 ▼

使用特定技巧在课堂上建立适当的主导性

有效师生关系的核心是主导与合作之间的良好平衡。但是建立这种平衡并不容易，原因是学生主要以教师的行为判定教师是否提供指导以及教师是否合作。正如乌贝尔、M. 布雷克尔曼（M. Brekelmans）、范·塔特维克（Van Tartwijk）和威尔弗里德·阿德米拉尔（Wilfried Admiral）解释的那样：

> 我们认为一个人在其他人面前表现出的每一种行为都是一种交流，因此我们认为在另一个人面前，一个人**不可能**（原文强调）不交流……无论这个人的意图是什么，交际中的其他人都会从他的行为中推断出含义。例如，如果教师未回应学生的提问，可能是因为没有听到。但是学生不仅会感受到教师的疏忽，而且还会推断教师太忙，或者教师认为学生太迟钝，或者认为学生的问题不恰当。学生从教师的否定中获得的信息可能与教师的意图不同……

在操作上，这意味着你必须平衡主导性行为和合作性行为。这里我们首先考虑主导性行为。应当指出，在第2章和第3章中讲到的规则与程序和纪律干预对传达适当的主导性有很大的帮助。也就是说，如果你已经建立并实施规则与程序以及对学生的积极后果与消极后果，那么你一定会传达出你的主导性。还有至少两个方面对这种交流很重要：展现自信的行为和确立明确的学习目标。

▶ 展现自信的行为

传达适当主导性的最佳方式之一是表现出**自信的行为**。根据埃默、埃弗森和沃沙姆的说法，自信行为是“维护自己的合法权利、使他人不太可能忽视或规避这些权利的能力”。它明显不同于被动行为和攻击性行为。埃默、埃弗森和沃沙姆专门描述了课堂上专有的自信行为。他们称这种方法为“建设性的自信”。他们解释说，“修饰词**建设性**表明教师并没有诋毁或攻击学生”。下面是一组相对具体的教师行为，包括三个基本类别：

1. **使用自信的肢体语言**：使用并保持眼神交流；面对违规的学生要保持挺直的身姿，但是要保持足够的距离，以免显得具有威慑力；面部表情要和传达给学生的信息相匹配。

2. **使用适当的语调**：说话清晰从容；音调比正常讲课稍高但又不能太高；避免在声音中流露任何情绪。

3. **坚持直到学生表现出恰当的行为**：不忽略任何不当行为；不被学生的否认、争辩或指责转移注意力；但是倾听学生合理的解释。

下面的案例分别描述了在小学和中学阶段教师表现自信行为的情况：

小学

桑德斯先生总是让他的四年级学生参与制订课堂规则和程序。在班级会议期间，学生可以提出关于规则的问题，甚至是与这些规则相关的惩罚和奖励问题。但是桑德斯先生也很清楚，有些问题不需要讨论。他会在适当的时候说，“这件事桑德斯先生要自己决定”。学生们在学年初很快就会清楚，当桑德斯先生做出这一声明时，任何争论都是没有意义的。

中学

当一个高一新生生气时，他会变得令人生畏。帕尔默女士是一位经验丰富、身材娇小的老师。她已经学会了如何在最愤怒的学生面前坚持自己的立场。当一个学生走到她面前，开始对一条规则或一个分数大喊大叫时，帕尔默女士会笔挺地站着，看着这个学生的眼睛，说："当你能像我一样平静地说话时，我很乐意和你谈一谈。"这在第一次很少奏效，但她会一遍又一遍地重复那些话，既是为了传达她愿意谈一谈的信息——按照她的方式——也是为了提醒自己不要提高嗓门。她冷静、坚定的举止达到了预期的效果。

▶ 确立明确的学习目标

第二种展示适当主导性的方法就是要对一个单元、一个学季或一个学期的学习目标非常清楚。相关行为包括：

- 在一个教学单元开始时确立学习目标。
- 对相关学习目标提供反馈意见。
- 持续系统地重温学习目标。
- 对学习目标做总结性反馈。

为了达成以上目的，**量规（Rubics）**，即测量标准，是一个很好的工具。例如，设想你已经将"理解和使用分数"确定为一个单元的学习目标之一。你可以向学生提供以下量规来说明在这一专题你对学生的目标期待：

4.0 你了解分数的不同类型及相应特征：你可以准确地描述分数与小数和百分数的关系。你可以把分数转换成小数，并能够解释这个过程。

3.0 你了解分数的基本特征：你知道分数与小数和百分数的关系。你可以把分数转换成小数。

2.0 你对以下内容有基本的理解，但对其中一项或多项有一些小误解：分数的特征；分数、小数和百分数之间的关系；如何将分数转换成小数。

1.0 你对以下一项或多项有一些严重的问题或误解：分数的特征；分数、小数和百分数之间的关系；如何将分数转换成小数。

量规所提供的明确目标可以很好地向学生传达教师的适当主导性。回想一下，主导是指教师在课堂行为方面和课堂内容方面都起到强有力的引导作用。一个详细的量规会告诉学生，你作为老师清楚地知道将要讲述的内容以及这些内容的重要性；同时也表明你希望通过清晰可见的成功标准来引导班级学习。如果你在开始讲授新单元时提供了一个量规，你就给学生确立了明确的学习目标。在马扎诺和马扎诺、皮克林（Pickering）以及麦克泰格（McTighe）的文章中可以找到各种不同类型的量规。下面的案例讲述了小学教师与中学教师如何使用量规有效地确立明确的学习目标：

小学

“我厌倦了孩子们问我要给他们打多少分。分数是他们自己挣的；不是我给的。”萨姆·弗兰德斯听着他指导的一位新教师的倾诉，然后回答说：“我也听到过学生说同样的话。我来告诉你我在自己教学中的一些发现吧。经过反思，我意识到，我会根据很多不同的方面给学生的作文打分，难怪学生认为分数是我给的。现在，我布置的作业都附有一份学习目标清单，每个目标附有一个量规。学生们现在都很清楚，比如要想获得A，他们必须对核心观点有深刻的理解，或者对关键流程有很高的应用能力。他们不再求我给他们分数；他们知道如何赢得分数。”

中学

在写作研讨课上，当布莱登女士提议修改作文时，她开始听到学生越来越多的反对声音。他们抱怨着、嘟囔着，“算了吧，不用改了吧，你知道我写的是什么意思”，或者“我觉得我的作文现在这样很好”。她最终得出结论，学生们认为他们应该努力取悦她，而不是努力提高他们的写作水平。她心想，“他们很可能还没掌握写作目标，因为他们不理解学区写作量规中所描述的目标”。为了补救这一点，有一天，她把学区写作量规发给大家，并与学生一起制作了一个语言“儿童友好”型的班级量规。学区量规中的学习目标仍然存在，但是学生们熟悉的词，如“棒极了”和“哇”，取代了专业术语。从那时起，学生们在写作研讨前首先用这个标准来自我评估他们的写作，确定自己的强项和弱项。布莱登女士注意到，一旦开始让学生使用这个标准，他们似乎都理解了写作目标，上研讨课时也更关注学习而不是分数了。

行动步骤2 ▼

使用特定行为传达适当的合作性

至少有四种特定类型的行为体现了适当的合作性：提供灵活的学习目标，培养对学生个人的兴趣，使用公平和积极的课堂行为，对学生的错误回答做出恰当反应。

提供灵活的学习目标

上一节的讨论解释了建立明确的学习目标可以传达适当的主导性。不过，一些关于学习目标的行为也可以传达适当的合作性。例如，允许学生在一个单元开始时设定一些自己的学习目标，或者询问学生他们想学什么，都传达了一种合作意识。举例来说，设想你已经将分数确定为一个教学单元的重点主题，并提供了如前所述的量规。此外，你还可以让学生找出他们特别感兴趣的分数问题或相关主题。这不仅有可能增加学生对该主题的兴趣，还传达了这样的信息：你很关心他们的兴趣，并努力将这些兴趣纳入你的教学中。下面的案例分别说明了小学和中学教师如何建立灵活的学习目标：

小学

菲利普斯女士班上的三年级学生已习惯于在一堂课前使用KWL图表，但这次菲利普斯女士在学习电学这一单元前就使用了它。在告诉他们本单元的学习目标之前，她先问学生们关于电学他们**知道**什么（K），然后问他们**想要**学什么（W）。她在表格上记录了学生们的想法，随后分发了一份学习目标清单。这些目标是学区课程指南中确定的。“我们需要达到这些学区学习目标，”菲利普斯女士解释说，“但我希望你们每个人都增加一些自己感兴趣的目标。使用我们的班级KWL图表来激发你的思考吧。”当他们学习这一单元时，菲利普斯女士注意到一些学生的目标甚至比课程指南上的目标更让她兴奋。

中学

巴德先生喜欢讲授莎士比亚，有时也为学生不能分享他的兴奋而感到遗憾。之后有一年他在这一单元加入了以下学习目标：**理解并应用“经典”文学作品的特点**。在本单元中，他要求学生们研究一部经典作品的特点，并将这些特点应用到分析莎士比亚戏剧中，确定这些戏剧是否可以称为经典作品。此外，巴德先生还要求学生们找出“经典”一词的另一个使用领域，如电影、体育、时尚、汽车、电视和音乐。然后，他要求学生选择一个他们感兴趣的领域，研究该领域经典作品的特点，并运用这些特点来鉴别这一领域的真正经典。学生们和巴德先生都度过了一段美好的时光,他们发现经典这一概念可以广泛地应用于学生感兴趣的话题。巴德先生总结说，通过这种附加的学习目标，学生们更尊重他对莎士比亚的热情，因为他对学生们在本单元中的设计热情表达了尊重。

▶ 培养对学生个人的兴趣

毫不夸张地说，所有学生都喜欢老师对自己个人的关注。事实上，对一些学生来说，老师对他们个人表现出的兴趣对他们的学习至关重要。因此，几乎你做的任何对学生个人感兴趣的事情都会对他们的学习产生积极的影响。以下是一些表达对学生个人兴趣的行为：

- 在课前、课中和课后，随意地与学生们谈论他们的兴趣。
- 在校外问候学生——例如，在课外活动时或在商店。
- 每天在餐厅找几个学生和他们交谈。
- 了解并评论学生生活中的重要事件，如参加体育竞赛、戏剧表演或其他课外活动。

- 称赞学生在学校内外取得的重要成就。
- 当学生走进教室时，在门口迎接他们，向每个孩子问好，确保称呼他或她的名字。

下面的案例分别展示了小学和中学教师如何使用这些方法：

小学

“我注意到，你涂鸦时，总是与马有关。我小时候也喜欢马。带来一些你的画吧，我很想看看；这些画可能会在写作的主题上对你有所帮助。”德文既高兴，又吃惊，脸都涨红了，她的老师竟然注意到了她对马的浓厚兴趣。她从未向任何人谈起过她对马的热爱，甚至没有意识到她的涂鸦总是与马有关，直到她的老师说了这番话。她迫不及待地把她画的马拿给老师看。她感觉自己对下一个写作任务很兴奋——一个关于马的故事。

中学

每期校报一发行，杰克逊女士都会通读每一篇文章。这只是她用来发现学生兴趣的许多技巧之一，尤其是那些安静得几乎让人看不见的学生。不止一次，当她问起他们的田径运动会、他们参加的辩论或者他们在动物诊所的志愿者工作时，学生们都惊愕地瞪大眼睛看着她。

▶ 使用公平和积极的课堂行为

如本章前文所述，我们认为TESA在培养有效的师生关系方面特别有效。TESA对培养师生关系最有用的方面是公平和积极的互动策略。此类行为包括以下方面：

- 与教室里的每个学生进行眼神交流（你可以在说话时扫视整个教室）；在教室的所有区域随意走动。
- 在上课期间，有意走向并靠近每一位学生；确保座位的安排能让你和学生在教室里自由方便地走动。
- 将观点归功于提出这些想法的学生（例如，你可能会在讨论中说，“丹尼斯刚刚补充了玛丽的想法，他说……”）。
- 允许并鼓励所有学生参与课堂讨论和互动；确保要邀请那些不常参与的学生，而不仅仅是那些参与最频繁的学生。
- 不管学生过去的表现如何，也不管你认为他们的能力怎样，为所有学生提供适当的“等待时间”。

下面的案例讲述了一位教师如何在课堂上使用这些技巧：

当麦金太尔女士主持课堂讨论时，她设法主要让学生发言，尤其是在讨论新话题的第一天。她一边听，一边在她的笔记本电脑上把学生的问题和评论输入到演示幻灯片中，并把学生的名字写在他们的评论旁边。第二天，当讨论再次开始时，她将自己的幻灯片投映到屏幕上，激发学生对先前的一些想法进行更深入的讨论。即使第一天不愿参与的学生，或者是太害羞不敢插话的学生，也知道他们可以私下向麦金太尔女士表达自己的想法，并且他们的想法也会展示在她的幻灯片里。这样，所有的学生——不管是那些喜欢参加课堂讨论的还是不喜欢参加课堂讨论的——都被鼓励着去思考、扩展这些想法。

对学生的错误回答做出恰当反应

提问是许多课堂上常见的教学活动。你对学生的错误回答或未能作答做出的反应向学生传达了强烈的信息。当学生对你提出的问题回答不正确或根本没有回答时，正是他们最脆弱的时候。在这些关键时刻，你的行为至关重要，决定着建立的师生关系是促进学生学习还是阻碍学习。下面是面对这种情形时的一些有益行为：

- 强调正确的方面。对不正确的回答中正确的方面给予肯定，并且如果学生的思路正确，要给予承认。指出这个错误答案回答的是哪个问题。
- 鼓励合作。留出时间让学生向同伴寻求帮助。这可以使学生给出更好的答案，促进学习。
- 重申问题。一个问题问两遍，在要求学生回答之前，留给他们足够的时间思考。
- 重述问题。解释问题或从不同的角度提问，让学生对问题有更好的理解。
- 给予暗示或线索。提供足够的引导，让学生逐渐找到答案。
- 提供答案并要求详细说明。如果学生完全想不出正确答案，就把答案告诉他，然后要求他用自己的语言说一遍，或者提供另外一个答案。
- 适当的时候，尊重学生要求跳过问题的选择。

下面的案例说明了其中的一些行为：

大卫最大的噩梦是在课堂上被叫到名字，感觉每一双眼睛都盯着他，而老师在等着他给出答案。即使知道答案，他也会非常难为情，大脑变得一片空白。更糟糕的是，老师对他的沉默反应过于友好，虽然老师本是出于好意，比如“没关系，大卫。放心吧”。但是，在普罗斯特先生的课堂上，情况就不一样了。不难理解为什么大卫和许多学生都喜欢他的课堂讨论方法。普罗斯特先生通常在白板上写下他打算在课堂上提问的主要问题。然后他会说：“看第一个问题。转向你的搭档，对他/她说出你对这个问题的最佳答案。你有3分钟时间。开始吧。”3分钟后，普罗斯特先生会让学生回答这个问题。学生们可以选择用自己的答案、引用搭档的答案或请求搭档引用自己的答案。如果答案是不正确的，没有学生会感到自己是孤立的。如果学生给出的几个答案都不正确，普罗斯特先生就再给出3分钟的时间让大家讨论。对大卫来说，这种方法非常有效。他对犯错和孤独的焦虑得到了极大的缓解，甚至开始在课堂上大放异彩，展示出他真正的实力。

行动步骤3 ▼

了解不同类型学生的需求

如前所述，有效的课堂管理者会意识到学生个体的独特需求，特别是那些有表4.3所呈现的类似经历的学生。虽然许多教师可以本能地察觉到这种需求，但正式地确定高需求学生的类别以及每一类学生最有效的管理策略是非常有益的。杰瑞·布罗菲和布伦达·弗里曼（Brenda Freeman）已经确定了高需求学生的类别。基于布罗菲和弗里曼的著作，表4.4展示了高需求学生的五种类别：（1）**消极类（Passive）**；（2）**攻击类（Aggressive）**；（3）**注意力障碍类（Attention Problems）**；（4）**完美主义者（Perfectionist）**；（5）**不擅社交者（Socially Inept）**。前三个类别又细分有子类别，对可能遇到的各类学生的行为提供更详细的描述。

▶ 消极类

消极类又分为**关系恐惧型**（Fear Of Relationships）和**失败恐惧型**（Fear Of Failure）。虽然恐惧是这两个子类别的共同特征，但恐惧的对象是不同的。一些消极类学生可能是忽视和虐待的牺牲品，包括身体或言语虐待。他们可能还遭受健康问题，包括但不限于抑郁症和社交恐惧症。这些学生会表现出对人际关系的恐惧。另外一些消极类学生可能抱有一种根深蒂固的信念，即他们不具备在学校取得成功所必需的技能。这些学生会表现出对失败的恐惧。重要的是要记住，与表4.4中的所有其他类别一样，这些学生的行为有课堂之外的深刻根源。因此，期望这些学生轻易地改变他们的行为是不太现实的。

表4.4　高需求学生的五种类别

类别	子类别
消极类	关系恐惧型
	失败恐惧型
攻击类	敌对型
	对立型
	隐蔽型
注意力障碍类	多动型
	注意力涣散型
完美主义者	无
不擅社交者	无

以下案例记录了对这些学生特别有效的交流方式。你会注意到，本节中的所有案例都记述了教师和学生之间的一对一对话。这是因为对本节所讲的各种类型的学生进行干预通常需要作为教师的你的特别关注。

消极类：关系恐惧型

德雷克是一个害羞、内向的孩子。他不会在课堂上提问，被叫到时也很难做出回答。他经常低着头，看起来很悲伤。其他学生像许多成年人一样，往往会取笑他或忽视他。他在班上的表现可能很一般，但他似乎有能力做得更好。

为了帮助德雷克，他的老师布莱克女士采取了一种不太直接的方式。确切地说，她的策略是慢慢发展与德雷克的关系，并获得他的信任。她与德雷克的第一次对话如下：

布莱克女士："德雷克，我发现，你上次的作业做得很用心啊。"

德雷克：（没有回应）

布莱克女士："我希望你知道，虽然你说话不多，但我确实注意到了你和你做的功课。"

德雷克："谢谢。"

布莱克女士："如果可以的话，我想在课堂上多提问你一点。我也想偶尔和你私下谈谈，看看你过得怎么样。"

德雷克："好吧。"德雷克微微笑了笑，走开了。

在那次谈话接下来的日子里，布莱克女士履行了她的承诺，在课堂上对他提问多了一些，还进行了几次私人谈话。她特别注意不让德雷克难为情，而是缓慢而温和地增加他们之间的接触和信任。她与德雷克交流的指导原则是表现善意、保持一贯和表达鼓励。

消极类：失败恐惧型

贝弗利在课堂上经常噘着嘴，似乎不喜欢上学。她接受了学习障碍和多动症测试，结果是阴性。她很少交作业，即使交了也做得很马虎。当被问到这个问题时，她没有明确的答案，只给出一大堆借口，经常以“我不能”开头。

为了建立关系，沃特斯先生与贝弗利进行了如下对话：

沃特斯先生：“贝弗利，我想知道是什么导致了你的学业困难呢？”

贝弗利：“我不知道。”贝弗利看起来有点困惑和难堪。

沃特斯先生：“我知道你很聪明，但不知什么原因并没有在你的学习中表现出来。你觉得你能做得更好吗？我当然觉得能。”

贝弗利：“大概不会。我不是很聪明。”

沃特斯先生：“你为什么这么说呢？我很想知道。”

贝弗利：“我从来没有做对过任何事。反正也无所谓。”

沃特斯先生：“这对我有所谓，贝弗利。你上一次认为自己做事做得很好是什么时候？不只是学校的事情。”

贝弗利：“从来没有。”

沃特斯先生：“你有业余爱好或喜欢的运动吗？”

贝弗利：“嗯，我想我弹钢琴还可以，还有我喜欢在家看书。”

沃特斯先生：“你是怎么做好这些事情的？”

贝弗利：“嗯，我想我就是做得多，而且也不用被评分。我喜欢做这些事。”

沃特斯先生：“还有呢？你的注意力会更集中吗？”

贝弗利："我会更专注，没那么着急。"

沃特斯先生："如果在学校你也这样做你的功课，会怎么样呢？我也会帮你的。"

贝弗利："我可能会做得更好。"

沃特斯先生："那我们就试一试，好吗？"

沃特斯先生继续与贝弗利随意地讨论着，总是努力强调她在有些事情上做得非常成功。他还会在做重要的课堂作业前后与贝弗利会面。在做作业之前，他们一起计划怎么做才能让贝弗利坚持下来，不放弃。做作业之后，他们二人要评估一下这些策略，哪些有效，哪些不可行。

▶ 攻击类

攻击类学生包括三个子类别：**敌对型**、**对立型**和**隐蔽型**（**Hostile，Oppositional，And Covert**）。这些类别与美国精神病学协会（American Psychiatric Association）出版的《诊断和统计手册》（*Diagnostic and Statistical Manual*，DSM）中的诊断非常一致。虽然任课教师不能做出正式的诊断，但熟悉DSM及其对各种行为类型的描述是很有用的。

敌对型子类别与DSM中的**行为障碍**的临床诊断密切相关。这种障碍的特征是控制愤怒能力差、控制冲动能力差、共情能力低、高度的权利意识（即"世界欠我的"）、看不到自己行为的后果、自卑（尽管学生可能无法承认这一点）、寻求刺激的行为倾向、乐于结交不良同伴群体以及具有犯罪行为倾向。敌对型学生往往给教师和学校带来最多的困难，占用大量的课堂时间，并需要学校和学区在时间、精力和资金方面提供额外的资源来解决他们造成的问题。正因如此，他们是被研究得最广泛的问题学生群体。需要记住的是，尽管他们极度抗拒行为的改变，敌对型学生只是经历了大量恐惧和痛苦的孩子。

攻击型的第二个子类别被称为**对立型**。这些学生表现出的行为问题比敌对型学生要温和一些。这个子类别与DSM中的**对立性违抗**密切相关。这些学生的典型特征包括持续抵制遵守规则、与大人争吵、经常使用难听或愤怒的语言，以及总爱批评、责备和惹怒他人。

隐蔽型子类别没有可识别的DSM诊断，但是大多数教师都很容易识别这些学生。他们有时会非常友善，甚至惹人喜欢。然而，有麻烦的地方，往往就有他们。即使他们表现出令人愉快的举止，他们也从来不完全按照要求去做。他们似乎处于干扰行为的边缘，绕开条文规定进行活动。因此，他们总能逃避惩罚，他们的行为也躲过了人们的关注。

以下是与这三类学生进行交流的案例：

攻击类：敌对型

米歇尔在家里和学校都失控了。她对任何妨碍她的人都出言不逊。她乱扔学习用品，大声关柜门，可能还有破坏学校公共财物的行为。她经常进出副校长的办公室，但她的行为似乎从未改善。

米歇尔需要在全校范围内找到一个解决方案，或者可能转到校外进行干预，如个人治疗方案和团体项目等。成功干预始于米歇尔、学校行政管理人员和她的父母的一次会面。他们在会面时制订了一个计划，重点是为其积极行为提供特定的奖励，为其消极行为设计特定的后果。米歇尔是这次会面的积极参与者，尤其是在确认奖励或积极后果时。与米歇尔的初次会面如下：

老师："米歇尔，你想在家里或学校做些什么呢？你一直以来想做的事情？”

米歇尔：“我不想学数学，想学摄影。”

老师：“还有呢？”

米歇尔：“我想让我的父母不要再烦我。”

老师：“好。我们会努力让你得到更多你喜欢的东西。但是否能得到要看你的表现。”

为了明确对米歇尔的期待和计划中的细节，每个参会人员都提出了自己的想法并纳入图表（见表4.5）。会议一直持续到每个人——尤其是米歇尔——都认为这个计划是可行的才结束。米歇

表4.5 敌对型学生的行为管理样表

行为类别	米歇尔的行为	奖励和后果
优秀行为	对老师和其他学生有礼貌并乐于助人 成绩：B和C	在班内认可其优秀行为 允许她在家或在学校进行两项自由选择的活动
良好行为	比较友好、礼貌 极少出现干扰性行为 成绩：C和D	允许她在家或在学校进行一项自由选择的活动 课后留校完成作业
恶劣行为	对他人和/或其财产表现出愤怒、破坏性行为 成绩：D或F 旷课，迟到	课后留校，社区服务，放学后额外功课
不可接受行为	对他人或财物的暴力行为	暂时停学 实施治疗计划

尔的父母同意，他们不再“对米歇尔指手画脚”，让这个项目发挥作用。每个月，老师、米歇尔的父母和米歇尔会聚在一起回顾她的进步，并根据需要对项目进行修改。

攻击类：对立型

杰克令他的老师麦纽提女士和他的同学们感到非常沮丧。他似乎总是要做与要求相反的事情，也不在意会惹上多少麻烦。他似乎喜欢受到关注，但做了所有不该做的事。最后，麦纽提女士和杰克进行了谈话。

麦纽提女士：“杰克，我发现你平时是个好孩子，和你在一起很有趣。可是，你有时总和我‘唱反调’。比如今天，我让你安静地坐在座位上，你却继续笑，还离开了座位。你也注意到这种情况了吗？”

杰克：“那又怎样？”

麦纽提女士：“我以前告诉过你，你的行为扰乱了课堂，你的成绩也在下降。我想制订一个计划来改善你、我和全班的情况。你能帮我一起做吗？”

杰克：“比如什么事呢？”

麦纽提女士：“对你来说，一天中最美好的时刻是什么时候？”

杰克：“户外活动。”

麦纽提女士：“对你来说，在学校最糟糕的事情是什么？”

杰克：“课后留校。”

根据这些信息，麦纽提女士和杰克制作了一张表，详细描述了各种具体行为以及相关的积极后果和消极后果（见表4.6）。

表4.6 对立型学生的行为管理样表

行为类别	杰克的行为	奖励和后果
优秀行为	几乎总是按指令做事 始终坐在自己的座位上 不制造麻烦	每日有户外活动
良好行为	大部分时间遵循指令 大部分时间坐在自己的座位上 有时会制造麻烦	每周三次户外活动 每周课后留校一次
恶劣行为	不遵守指令 离开座位 制造麻烦	没有户外活动 每周课后留校三次

麦纽提女士向杰克保证，她的意图不是惩戒他。相反，她想帮助杰克学会如何控制自己的行为，以便享受课堂学习，并得到他想要的也是应得的成绩。麦纽提女士和杰克定期会面，重新评估他们创建的行为图表。

攻击类：隐蔽型

每当麻烦发生时，艾米似乎总是在场。她不做或不公开做极度消极的事情，却总是戏弄别人、搞恶作剧，还说别人闲话，直到别人生气才算完。老师哈德威克先生过了一段时间才意识到艾米有行为问题。一旦意识到了这一点，他开始记录艾米的不当行为。最后，他把艾米拉到一边，进行了如下对话：

哈德威克："艾米，我希望你知道我喜欢你，很多时候我真的很喜欢你在课堂上的参与。可是，我发现你常常做一些让别人陷入困境的事情。你知道我在说什么吗？"

艾米："不知道。"

哈德威克："那我告诉你我看到的事情。我注意到有时你和别人说话之后，他们就会打架。有时你会拿走别人的东西藏起来。他们特别着急，而你却偷偷笑。——我亲眼看到的！相当有创意。但确实给别人造成了困扰，对吧？"

艾米："我想是的。"

哈德威克："这事我们必须得解决。我想在你的帮助下解决这个问题。"

艾米："但这不是我的错！"

哈德威克："不完全是。其他人也要为自己的行为负责。但我也不认为你是无辜的。你觉得呢？"

艾米："我想是的。"

对话继续，直到艾米最终明白哈德威克先生是认真的，并且对发生的事情了如指掌。他们一起确定了艾米应当避免的具体行为。他们还确定了艾米的不当行为会产生的消极后果，以及做出努力应获得的奖励。哈德威克先生和艾米定期会面，讨论计划的实施情况。

▶ 注意力障碍类

注意力障碍包含两个子类别：**多动型**和**注意力涣散型**（Hyperactive And Inattentive）。两者都与特定的DSM诊断密切相关。多动型子类别对应DSM

诊断的**多动–冲动型**的**注意力缺陷/多动障碍**。注意力涣散型子类别对应DSM分类中的**先天注意力不集中型**的**注意力缺陷/多动障碍**。多动型子类别的特征包括控制冲动能力低、不能保持坐姿、不能安静地学习、对问题和答案总是随时脱口而出、麻烦不断、常常打断他人。注意力涣散型子类别的特征包括不能密切关注细节、很少倾听、难以组织学习任务、在日常活动中健忘、容易被外部刺激分散注意力。注意力涣散型的学生更容易焦虑，而多动型学生更容易冲动。下面的案例分别说明如何与具有注意力问题的两类学生进行交流：

注意力障碍：多动型

在课堂上，大卫似乎一直在说话、走动、烦躁不安、讲笑话。他经常打搅别人，自己很少交作业。他很聪明，但他的成绩远低于他的能力。他有时很讨人喜欢，但他的古怪行为通常会浪费很多上课时间。他的父母拒绝让他接受药物或心理治疗。因此，他的老师潘特女士几乎得不到外界的任何帮助。在多次试图引起大卫的注意后，潘特女士与他进行了如下对话：

潘特女士："大卫，你好像很难安静地坐着。是这样吗？"

大卫："我讨厌学校，无聊。"

潘特女士："我知道你有时不能专注。我想给你提些建议，帮助你更好地集中注意力。我想帮助你组织整理你的作业，写出如何一步一步地完成每个项目，将来你就可以遵循这些步骤了。我们先给你调一下座位，这样你就不会那么分心了。"

潘特女士做的第一件事是把大卫调到班上一个便于她照看的位置，同时大卫也能更多地参与她所组织的活动。对于每一项重要的任务，潘特女士都会花时间帮助大卫组织需要做的事情并确定优先顺序。潘特女士和大卫经常会面，讨论他的进展。

注意力障碍：注意力涣散型

凯茜是个安静的女孩，完不成作业时会非常沮丧。她认为自己很愚蠢，变得越来越冷漠。由于屡次失败，她养成了拖延的习惯。每当意识到自己的作业不能按时提交时，她就会很不安，便直接提交完成了一半的项目。她正在考虑退学去找份工作。她的父母反对对她进行药物和心理治疗。当情况已经糟到了极点时，穆伊格先生安排了与凯茜的会面。

穆伊格先生："凯茜，我发现你对学校和自己都感到沮丧和不安。你到底怎么了？"

凯茜："这些年来我一直在努力，但我再也受不了了。我太蠢了！"

穆伊格先生："真希望曾有人帮助过你。有没有人告诉过你怎么在学校表现得更好？"

凯茜："没有。人们大多告诉我要更努力，但我不清楚如何更努力。我现在就很努力了。"

穆伊格先生向凯茜提出了一些关于如何学习的具体建议，还给她买了一本有关学习技巧的书。他们定期会面，一起回顾书中的建议。他们甚至还一起头脑风暴，想出一些凯茜在困惑时，或正如她自己所说的"迷失在雾中"时，可以做的事情。

▶ 完美主义者

完美主义者（Perfectionist）类别与DSM对**强迫型人格障碍（Obsessive Compulsive Personality Disorder）**的诊断密切相关。完美主义者类型的学生被驱使着努力获得几乎不可能的成功。这些学生经常自我批评，缺乏自尊，有根深蒂固的自卑感和脆弱感。他们认为完美是获得爱、尊重或关注的唯一途径。在某种程度上，他们认为自己被喜欢或被爱是因为自己取得的成果，而不是因为他们是谁。当他们认为自己不能取得出色的成果时，便可能完全放弃、拖延或者为自己不能完成任务找借口。随着完美主义的儿童长大成人，他们的行为都得到了极大的回报，因为他们产出高，抱怨少，乐于长时间为工作付出而不计利益得失。然而，完美主义可能会导致自我毁灭的行为和思维模式，最终导致抑郁甚至自杀。下面的案例讲述了一位教师与一个完美主义者学生的交流过程：

马特试图把每件事都做到完美。好对于他来说是还不够好。他的桌子从不乱放东西；他的作业总是按时提交，并且严格按照要求完成。然而，马特并不能享受他的成功。如果他做得没有他期望的那么好，他就会不断地低声责备自己。当事情在他看来不顺利时，重新振作对他来说非常困难。马特对他人总是很苛刻和挑剔。他的同学一方面嫉妒他的成功，但另一方面也不喜欢他的消极情绪。如果他不确定自己一定能成功，就不会尝试新事物。一有机会，马特的老师贝克尔女士就和他进行了一次私人谈话。

贝克尔女士："马特，我们谈谈吧。你的所有科目都是A，是田径队中最好的运动员，我对你的努力非常钦佩。不过，你有时好像对自己非常苛刻，对自己说的话也很刻薄。我注意到有时你要求自己的标准也不太现实。你对自己的高期待我无话可说。可是，你看起来对别人也寄予了很高的期望。如果他们没有做到，你就像批评你自己一样批评他们。这似乎有点苛刻。”

马特：“是啊，难道我不应该努力成为最优秀的吗？”

贝克尔女士：“你做的一些事情会让你在生活中取得更大的成就，比如你对学习和竞争的渴望。但是，你做的有些事情从长远来看会让你的生活更加艰难。例如，当你严厉地批评自己时，你就失去了让自己再试一次的能力或意愿。你如果批评别人，他们会不喜欢你。你看这样如何：当你或其他人犯了错误时，就承认这是一个错误。你，和其他人一样，有时要通过错误来学习。”

马特：“我没想过这个。”

贝克尔女士：“你愿意帮助在学业上有困难的孩子吗？你会发现帮助别人是交朋友的最好方式之一。我还有一个想法。你可以尝试一下，第一天对自己的错误持积极态度，第二天则非常严厉和挑剔。这样来回切换一段时间，看看你更喜欢哪一种，看看哪一种会给你带来更好的结果。”

贝克尔女士时不时会把马特叫到一边，进行类似的谈话。随着时间的推移，马特开始看到完美主义带来的负面后果，并逐渐找到了消解它的技巧。

▶ 不擅社交者

不擅社交的孩子很难结交朋友并维持关系。他们站得离别人太近并以恼人的方式触碰他人，讲话太多，说的话“愚蠢”或令人尴尬，误解他人的意见。总的来说，他们似乎不太合群。他们通常是善意的，努力与他人相处，对他人表现出的敌意感到困惑。这些孩子经常感到悲伤、困惑、格格不入，很难理解复杂的事件。他们的行为经常被贴上不成熟、笨拙和迟钝的标签。经常有父母说，这些孩子从出生就看起来与众不同。下面的案例讲述了教师如何与一个不擅社交的学生进行交流：

杰森在学校一直很难结交到朋友。他的妈妈说他在家里也几乎没有朋友。他那“过于夸张”的吵闹行为经常激怒别人。他说话太多，不听别人讲话，和人站得太近。总的来说，他过于努力地去结交朋友，最终被嘲笑和孤立。这影响了他的学业，因为他经常心烦意乱。一天，他的老师奇契内利先生偶然听到杰森说：“我不明白为什么没人喜欢我。我对别人很好啊。”奇契内利先生把杰森叫到一边，他们进行了如下对话：

奇契内利先生：“杰森，我听你说没人喜欢你。我发现你在班上很难交到朋友。你想听听我的建议吗？我愿意帮忙。”

杰森：“当然，可以。”

奇契内利先生：“我们来做个实验吧。如果我站得离你特别近，这样大声说话，你有什么感受？”

杰森：“我觉着想后退。”

奇契内利先生：“嗯，有时候我看到你在班里对其他同学就是这样做的。你知道吗？”

杰森：“没有吧。”

奇契内利：“你站得远一点，用柔和一点儿的声音说话怎么样？这样人们就更容易和你在一起了。”

杰森：“这个我可以做到。”

奇契内利：“我再问你一个问题。你是喜欢听你说话的人，还是喜欢自己一直说的人？”

杰森：“听我说话的人。”

奇契内利：“你和别人说话时，是专心听他们在说什么，还是在想自己接下来要说什么？”

杰森：“我不太确定。”

奇契内利先生：“试着多听。即使你觉着再也忍不住了，在说话之前，也要想一想你是否明白他们在说什么。值得一试。也许你会发现，这样你就能和别人相处得更好了。”

奇契内利先生一直与杰森会面，随便聊一聊事情的进展并提出新的想法供杰森尝试。

小结

师生关系对有效课堂管理的另外两个方面——规则与程序和纪律干预——的成功至关重要。为了与学生建立良好的关系，传达适当的主导性非常重要，让学生知道你在掌控着班级，愿意并且能够领导班级。传达适当的合作性，传递你对学生个人和班级整体的关注等信息也很重要。你需要特别努力才能与高需求学生建立积极的关系。但是，在与这些学生相处时，使用适当的技巧可以增加成功管理课堂的机会。

第5章 心理定式

最后一个有效课堂管理的重要要素是适当的心理定式。在第1章列举的四个要素中，这一要素可能是最不寻常的，至少就其标题——心理定式而言。但是，根据第1章表1.1，可以看到，我的元分析显示这个要素的平均效应量是最大的。具体来说，心理定式的平均效应量为-1.294。相比之下，纪律干预的平均效应量为-0.909，师生关系的平均效应量为-0.869，规则与程序的平均效应量为-0.763。尽管“心理定式”这个标签在教育术语中可能并不常见，但它高度描述了有效课堂管理的一个关键侧面。高效课堂管理者带着特定的思维模式走进教室。

相关研究与理论

课堂管理中的心理定式概念与心理学中的“正念”相似。艾伦·兰格

（Ellen Langer）在一系列作品中推广了正念这一概念。兰格解释说，正念包括一种高度的情境意识，以及在该情境下对自己的思想和行为的有意识控制。这种心理定式并不容易培养和保持，因为人类的大脑通常只能专注于非常狭窄的刺激范围，并且基于相关刺激自动运转。也就是说，我们通常不会关注所有发生在我们周围的事情。事实上，我们的大脑在工作时一般很少意识到周围的环境，特别是日常活动。有人设计了观察这一现象的有趣方法，就是读一遍下面的句子，而且只能读一遍。一边读，一边计算字母F出现的次数。记住，只读一遍这句英文：

FINAL FOLIOS SEEM TO RESULT FROM YEARS OF DUTIFUL STUDY OF TEXTS ALONG WITH YEARS OF SCIENTIFIC EXPERIENCE①

字母F出现了多少次？答案是八次。如果你像大多数人一样完成这项任务，那你就没有识别到全部八个F。这是因为，我们在阅读时并非逐字母甚至并非逐词处理单词。相反，我们用很少的视觉信息尽可能快地识别单词。此外，我们放在诸如OF和FROM这样的虚词上的注意力很少，因为我们可以从我们的英语句法知识中推断出它们的存在。鉴于人们很少注意虚词，你可能会错过出现在三个OF中的三个F和FROM中的F。虽然这是一个人为设计的例子，但它说明了一个事实，即我们的典型思维模式并不倾向于注意细节或者与我们的期待有偏差。

这一点在很大程度上不会给我们的生活带来任何问题，但这种思维模式有时会让我们遇到一些趣事。兰格举了以下例子：

你是否对商店的人体模型说过“对不起”，或者在一月份时用

① 出自一篇讨论“自上而下的因果和涌现”的论文，本句话直译为“最后的对开本似乎是多年忠实研究文本以及多年科学经验的结果”。——编者注

前一年的日期开支票？处于这种模式时，我们接收和使用来自周围世界的有限信号（女性形体、熟悉的支票票面），同时又不让其他信号（静止的姿势、日历）进入我们的意识……

……有一次，在一家小百货商店，我递给了收银员一张新信用卡。她发现我没有签名，就把信用卡还给我，让我先签名。然后，她在机器上划了我的信用卡，又把打印出的表格递给我，让我在上面签名。我按照吩咐做了。之后，收银员将表格和刚刚签了名的卡放在一起比对，查看签名是否匹配。

兰格将这种自动地、无意识地与外界互动的方式称为“无意识”。这与教师有效管理课堂所必须具备的思维定式正好相反。具体来说，有效课堂管理需要的心理定式要求教师培养与“洞悉全局”和“情感客观”相关的心态。这两种概念的有效性都得到了强有力的研究支持。我对这些因素的元分析结果展示在表5.1中。

表5.1表明，在心理定式类别中，洞悉全局具有更大的平均效应量，为−1.417。这意味着干扰性行为的平均数量发生了42个百分位点的变化。

表5.1　心理定式的效应量

	平均效应量	95%置信区间	受试者人数	研究数量	干扰行为下降的百分位数
思维定式（总）	−1.294	（−1.098）到（−1.489）	502	5	40
洞悉全局	−1.417	（−1.202）到（−1.644）	426	3	42
情感客观	−0.705	（−0.228）到（−1.181）	76	2	26

注：无相关数据计算不同年级之间的平均效应量。

我必须再次提醒，这个极大的效应量是基于相对较少的研究数量（3）和相对较少的受试者（426）。如果有更多的研究可用，效应量可能会变低。即便如此，平均效应量-1.417依然为洞悉全局的强大影响力提供了证据。这个不常见的名字到底指的是什么行为呢?

洞悉全局（Withitness）一词是雅各布・库宁创造的。他被公认为是第一位系统研究有效课堂管理者特征的研究者。如第1章所述，库宁通过仔细观看教师的课堂录像进行了初步研究。他的结论是，有效和无效课堂管理者之间的主要区别不在于他们如何处理学生的干扰性行为，而是教师能否快速准确地识别问题行为或潜在的问题行为并立即采取行动的能力。他把这种能力称为**洞悉全局**：

> 课堂管理与如何处理不当行为无关；如何处理不当行为与遇到的不当行为数量无关。有一个例外。例如，两个男孩在算术课上坐在教室的后面。男孩A抢了男孩B的试卷，男孩B便抢了男孩A的试卷。然后男孩A开玩笑地捅男孩B的肩膀，男孩B也捅了男孩A的肩膀；接着，他们开始围着桌子追逐嬉笑；之后男孩A把男孩B的衬衫脱了，男孩B也把男孩A的衬衫脱了。随后，男孩A拉开了男孩B的裤子拉链，男孩B也拉开了男孩A的裤子拉链。这时老师说："孩子们，别闹了！"我们得说，太晚了。所以，重点不是她怎么说"别闹了"，是走近还是没走近，或者她威胁了还是没有威胁。重要的是她是否向全班证明了她知道正在发生的一切，她的后脑上是长着眼睛的。重要的不是她是否立刻介入了，而是在事态扩大或恶化之前她是否介入了。我们给它命名的专业术语为"洞悉全局"。这是唯一与成功管理相关的东西。

布罗菲以更多的专业术语和较少的轶事用语对洞悉全局进行了描述。他解释道：

> 即使是在指导小组或个人学习时，教师通过不断扫视教室也能保持“知情”（随时了解教室各个部位发生的事情）。当不当行为有可能造成干扰时，教师通过及时准确的干预向学生展示自己掌握洞悉全局的能力。这会最大限度地减少时机错误（在事件变得具有干扰性之前未能注意到并进行干预）和目标错误（错误地确定哪位学生应该对问题负责）。

最终，古德和布罗菲在他们的著作《透视课堂》（*Looking in Classrooms*）中根据库宁的研究对洞悉全局做了如下描述：

> ……高效管理者不间断地监控着课堂。不管当时在做什么，他们都让自己处在可以看到所有学生的位置，不断地扫视教室，追踪正在发生的事情。他们还要让学生们知道，他们可以“洞悉”——了解正在发生的事情，并能及早、准确地发现不当行为。这样他们就能够在问题升级为严重干扰之前将其扼杀在萌芽状态。如果他们发现有必要直接干预来阻止不良行为，他们会关注那些引发问题或对问题升级负有最大责任的学生。如果他们不确定谁对这个问题负最大责任，就告诉所有相关学生继续做作业（以避免公开地错误指责不该指责的学生）。

虽然看起来“洞悉全局”并不能转化为具体的行为，但其实这是一种可以学习的技能。确实，埃弗森已经表明，洞悉全局的许多方面在相对较短的时间内就能教授和强化。

课堂管理心理定式的第二个方面是“情感客观”。换句话说，一个高效课堂管理者会实施和加强规则与程序、执行纪律干预措施以及（甚至）培养有效的师生关系；但他不会把违反课堂规则与程序、对纪律干预措施的消极反应或对教师试图建立关系缺乏反应解释为人身攻击。正如罗恩·纳尔逊、罗恩·马尔泰拉和贝尼塔·伽蓝所述，情感客观使教师能够以一种“非情绪化、实事求是”的方式处理纪律问题。罗伯特和露丝·索尔（Ruth Soar）在强调情感客观的重要性时指出，当教师在情感上不够客观时，他们就有破坏整个课堂管理体系的风险。

杰瑞·布罗菲和卡罗琳·埃弗森在教师课堂实践研究中也证明了情感客观的重要性。他们对比了持续取得超预期成绩的一组教师与随机选择的一组教师，指出：

> 成功的教师通常对学生和师生关系持相当现实的态度。虽然他们喜欢孩子，也喜欢教学中的人际交往，但他们会从专业的角度看待学生，主要把他们视为年轻的学习者，并以师生关系与他们交流互动。相比之下，不太成功的教师对待学生的态度是两种相反的极端反应。比较常见的一种是对学生概念的浪漫化，认为学生是温暖的、美好的、可爱的、珍贵的等等，只要和学生在一起就很快乐。在我们的观察中，把学生描绘成这幅美好图景的教师们不一定对他们更热情，也不一定能享受更现实的场景。事实上，一些易动感情的老师有着非常混乱的课堂……有时甚至会失控到让教师勃然大怒并严厉惩戒学生……也有一些幻想破灭、心怀怨恨的教师把学生视为“敌人”。

此外，他们指出：

> 我们通常认为更热情、更有爱心的教师通常会更有效，尤其是在社会经济地位较低的学校。然而根据研究结果，教师的情感并没有表现出这种因果关系。它与学生的学业成绩无关，无论是线性关

系还是曲线关系。

我曾与一些教师讨论过情感客观倾向，但他们对此持否定态度并指出，似乎师生交流中缺少了“人情味”。如果教师是客观的，那么根据定义，他们就要和学生保持距离。虽然与学生保持一定的心理距离对于有效的课堂管理是必要的，但这并不能被解释为要疏远学生。简单地说，这意味着在进行课堂管理时，不要对结果感情用事——不要把学生的行为个人化。这一点很难做到，因为普通人对学生不服从或缺乏回应的正常反应是不高兴甚至是生气。这种极度情绪化的情感状态并不能为实施规则、执行惩戒措施或建立关系提供良好的基础。

心理定式项目

本章定义的心理定式是课堂管理项目中通常不直接涉及的课堂管理因素。也就是说，人们通常找不到专门分析洞悉全局和情感客观等概念的课堂管理项目。但是，一些项目分析了与这两个概念相关的课堂管理技能。例如，**课堂组织和管理项目**提供了增强教师情境意识的相关策略，提高教师发现课堂潜在问题的能力。**思考时间**深入探讨了情感客观问题，特别是在教师实施惩戒性程序和学生在思考时间教室等情形下的情感客观（见第3章和第8章的讨论）。最后，**果断纪律**探讨了加强洞悉全局能力以及发展和保持健康情绪的策略。

行动步骤

行动步骤1 ▼

采用特定技能，保持或提高对学生行为的意识（洞悉全局）

洞悉全局这个术语看起来不是一种适合培养的品质。你要么“知情”，要么不知情。其实，你至少可以采取三个具体行动来提高自己“洞悉全局”的能力：立即反应、预测问题、观摩优秀教师。

▶ 立即反应

几乎所有关于洞悉全局的案例都明确指出，掌握了这项技能的教师经常扫视教室，特别是在指导小组学生或个别学生学习时。换句话说，洞悉全局的行为特征是经常全面地扫视教室，注意学生个体或群体的行为。任何不当行为一旦出现，就会立即受到关注。如果你认为自己不是非常了解学生在做什么，可以练习一个简单的行为，就是频繁、定期性地环顾房间，寻找潜在的或正在进行的干扰行为迹象。在进行全班授课时，你可以尝试下面的具体技能：

- 在教室里四处走动，确保在每个方位都做停留。
- 定期扫视班上所有学生的脸；如果可能，和每个学生进行眼神交流。
- 扫视教室时，特别关注看起来可能成为问题的事件或行为。
- 与涉及事件的学生或有相关行为的学生进行眼神交流。
- 如果这些不起作用，就走到学生身边。

- 如果该行为或事件还在继续，对学生进行语言提示；尽可能采用私密的方式。

在指导个别学生或小组学生学习时，你可以使用相同的技能，但只是不时地抬起头与班里其他学生进行眼神交流。

下面的案例描述了一位教师如何施展洞悉全局能力：

> "真酷。她没有大喊大叫或怒目而视或怎样。她只是看。"八年级学生麦金利在描述她的数学老师克拉克女士时说。她以让学生专心学习而闻名，而且不会罚学生去办公室或被课后留校。无论是与小组交谈还是在全班讲课，一旦有人开始说话或出现不当行为，她总是能注意到。不管她在做什么，她都会停下来，一动不动地与学生进行眼神交流。她蒙娜丽莎般的表情没有消极情绪，只有全神贯注。如果违规的学生一开始没注意到，同学们会提醒他们。当他们停止了干扰行为时——一般都是在几秒钟内停下来——克拉克女士就继续自己做的事情。礼貌的关注和沉默为课堂确立了积极的基调，并得到了预期的效果。

▶ 预测问题

提高洞悉全局能力的第二个技巧是在头脑中回顾某个班级的某个学生可能会出现的问题，以及你会如何解决这些潜在的问题。第4章描述的学生类别——攻击类、消极类、注意力障碍者、完美主义者和不擅社交者——对这一目的特别有用。如果你有这类学生，你可以在和学生见面之前充分考虑可能出现的潜在问题。例如，你可能知道班里的一个完美主义者学生，每当无法理解讲课的内容或难以完成分配的任务时，就会变得焦虑不安。如果你知道下节课的内容或作业比较难，你可以仔细考虑如何与学生进行交流才能避免潜在的问题。还有，你的班里一个多动型学生（注意力障碍者的子类别）可能在午饭后立即参加课堂活动会很困难。如果午饭后你要给他们上课，先确定你可以做些什么来避免潜在的问题，或者你可以提出哪些建议来避免行为问题。下面的案例讲述了如何在课堂上预测问题：

威尔逊女士知道，新小组项目的第一天对一些学生来说是很困难的。此外，她预测，如果学生们受挫，他们可能会捣乱。她考虑把这个项目修改得不那么复杂，但是她确信降低难度是欺骗这些学生，让他们失去了批判性学习的机会。所以，她向学生们解释说，在项目的最初几天，她会坐在教室中央的凳子上，与每个小组保持很短而且相同的距离，所有学生都能清楚地看到她。她不会像往常一样在房间里走动，而是站在中间，学生可以向她寻求帮助。在这个战略位置上，她可以在内心将注意力从一个组转到另一个组，让每个小组都在她的关注范围内，以便监测他们的进展。她发现，通过这种方式，她可以随时称赞专心学习的学生，并且在发现受挫的学生可能会出现干扰性行为时迅速采取行动。

▶ 观摩优秀教师

当然，洞悉全局有些方面是非常微妙和情境化的。随着时间的推移，一些教师已经将那些微妙之处发展到了极高的程度。如果你在洞悉全局方面有困难，或者单纯想获得一些新的想法，你可以找一位教师并去她的课堂进行观摩。课后，你可以用任务汇报的形式记录你观察到的特别有效的行为方式。与指导教师谈话能够获得一些有价值的见解，如当她觉察到潜在的问题时，她会有哪些期待以及她会做哪些思考。如果你对导师感到满意，还可以邀请她到你的课堂来观察并提出建议。下面的案例讲述了这种相互影响是如何在教室里发生的：

> “基利安先生的纪律风格的魅力在于最大限度地利用教学时间。当你观摩的时候，注意他教学的连续性。”这就是导师为新手老师雅各布森规划的观察重点。果然，当雅各布森女士坐在教室的后面时，她注意到基利安先生不停地在教室里走动，一直与学生就内容进行交流互动。当他走向那些开始扰乱秩序的学生时，看上去似乎他原本就一直在朝着那个方向走。他的行为非常细微，看起来并不具有威胁性，然而任何干扰性的行为都很快结束了。雅各布森女士不知道自己是否有一天也能在教室里如此卓有成效地行动起来。至少现在她心中有了一个清晰的模式，她知道这是有可能的。

行动步骤2 ▼

运用特定技巧与学生保持健康的情感客观

情感客观是指在对待学生时要避免情感上的极端。当你对第3章中描述的不当行为实施消极后果时，这一点尤其重要。一种极端是，在惩戒学生时你可能会表现出愤怒。另一种程度较轻但仍然无效的反应是对学生表现出失望。教师的愤怒和失望是对学生不当行为的自然反应，有时是不可避免的。但是，即使你确实很生气或失望，在实施消极后果时表露这些情绪也是无益的。

另一种不利于有效课堂管理的情绪或者倾向是犹豫。正如柯文和门德勒所述：

> 我们看到有些教师在实施消极后果时好像感到很抱歉。这些教师是在告诉学生他们害怕他们。学生们很快就会知道这个教师很

容易被吓倒……另一方面，过于咄咄逼人的处理方式会引起敌意、怨恨和恐惧。这些情绪不适宜建立促进成长的交流。

一些具体技巧可以帮助教师获得并保持与学生情感的客观性。

寻找原因（重构）

如果不把学生的错误行为个人化，保持情感的客观性就容易得多。努力理解学生发生不当行为的原因是非常简单的事情，但是也能帮助你建立和保持健康的情感客观。这是因为学生的不当行为通常与某一位具体老师没有什么关系。一旦意识到这一点，你会更容易不掺杂任何个人情感地对待学生的行为。这在理论上也是合理的。举例来说，当某一名学生出现不当行为时，你通常可以很清楚地确定学生出现不当行为的原因，并不是出于对你的不尊重或冒犯。这是一种有着悠久历史的临床心理学策略的简单变体，有时被称为“重构”。兰格用下面的例子说明了重构的本质：

……以爱丽丝和弗雷德为例，他们是你经常见到的一对夫妇。有时候你会听到他们吵架。你完全没在意；所有的情侣不是都会吵架吗？现在你得知他们要离婚，便回忆起了所有的相关证据。“我就知道；我记得他们以前是怎么打架的。他们打得很激烈。”另一种情况，也许你听说他们刚刚庆祝了银婚纪念日。“真是太好了，”你说，“他们的婚姻非常牢固；他们很少吵架；即使吵了，他们总是很甜蜜地和解。”

兰格的例子描述了我们常常很自然而无意识地重构。如果我们为了保持对一个班级或学生的情感客观性而有意识地重构，事情可能会如下文所讲的一样：

年轻时，坎纳迪先生曾经经历过路怒症。如果遇到其他司机加塞儿或者不让行，他会感到非常愤怒。之后，他参加了一个讲授如何使用重构技能的课程。现在，当有人在路上加塞儿时，他会告诉自己，例如，这个人可能因为孩子生病了没注意到，只想着尽快回家。这个新的思路立即使他平静下来，并且不会让自己感到被冒犯。当开始教学时，他把这种技能转移到教室里。如果学生不愿做课堂作业，或者顶嘴，或者只是在课堂上不专心听讲，坎纳迪会告诉自己，他们可能是在掩盖不安全感，或者他们可能早晨在家里遇到了非常不开心的事，或者他们可能刚刚得到了坏消息。这种方法有助于坎纳迪保持冷静，将学生的行为视为纪律挑战，而不是人身攻击。

▶ 监控自己的想法

保持健康的情感客观的策略之一是监控自己对特定学生的态度。它与重构策略很相似，但侧重点不同。你可能已经意识到，当你对学生持积极态度时，你与这些学生的交流是相当容易的。但是，你可能不知道对学生的消极态度会在多大程度上妨碍你与他们的交流。下面的方法可用来抵消对学生的消极态度所产生的偏见：

- 每天上课前，在心里审视你的学生，注意那些你认为有问题的学生（无论是学习上的问题还是行为上的问题）。
- 努力想象这些“问题”学生在课堂上展现出积极的课堂行为。换句话说，试着用积极的期待取代消极的期待。
- 当你与这些学生交流时，牢记你的积极期待。

下面的案例讲述了一名教师如何使用这一方法：

杨女士的口头禅是“不要心怀怨恨”。当她发现自己整个晚上都在纠结一个学生那天的行为时，她非常需要这句咒语。她很了解自己，知道自己整晚必须一遍又一遍地对自己说，“不要心怀怨恨。不要心怀怨恨”。睡觉前，她还承诺，在接下来的两天里，她要表扬那个学生三件事。“即使我只能表扬这个学生的衣服颜色，我也一定要找到三件事。大声说出优点改变了我对那个学生的看法，尽管我的积极表述有时会遭到怒视。说出第三个优点时，我感到压力减轻了，并且准备好和学生发展一种不同的关系了。套用C. S. 刘易斯的话，我讲出学生的优点并不是因为它改变了学生，而是因为它改变了我。”

▶ 管理自己的情绪

保持健康的情感客观的最后一个策略与学生无关。相反，它与照顾你自己的情绪健康有关。柯文和门德勒解释了这种行为的好处：

> 我们反复强调，一旦纪律事件结束，至关重要的事情是不要再带有愤怒、怨恨和其他敌对情绪。如果你还对前一天事件中的一名学生感到愤怒，你可能会进入一场炫耀力量、显示谁是老大的权力之争。不要这样。重新开始每一天。

他们还明智地提供了一些简单易行的建议，以减轻一天的艰难课堂管理所累积的压力：

- 坐在舒适的椅子上，做深呼吸，让大脑放松。
- 使用引导式想象为你自己创建一个“私人静修处”，每天工作结束时你都可以短暂地光顾一下。
- 对执行纪律时与学生的冲突保持健康的幽默感。请记住，学生不是成年人，他们所做的很多事情可能与你毫无关系。

- 寻找让你开怀大笑的电影和电视节目。为了减轻不愉快的管理经历所带来的紧张情绪，笑是最简单有效的方法之一。
- 在特别困难的日子里，犒劳自己，成为自己最好的朋友。

下面的案例说明了这些技能如何应用：

“教书已经没有乐趣了。”最近，弗兰克·卡特雷拉注意到他越来越频繁地从同事那里听到这些话。他为他们感到遗憾，因为他自己仍然教得很开心。当然，他承认自己也有至暗时刻——这是毫无疑问的。但是每当他注意到自己把事情看得太重的时候，他知道该怎么做。在回家之前，他会去媒体室看大约10分钟他最喜欢的视频，一部老的、搞笑的《周六夜现场》（*Saturday Night Live*）喜剧小品。杰瑞·宋飞在片中扮演一位老师，带领着一些非常令人沮丧但很典型的学生。不管看多少遍这盘带子，他总是会放声大笑。听到同事的牢骚后，他决定下次要带几个同事一起去，只是为了提醒他们，教学虽然有时令人沮丧，但依然有趣。

小结

有效课堂管理的第四个方面，即心理定式，包括两个具体特征：洞悉全局和情感客观。洞悉全局是识别潜在行为问题并迅速采取行动的能力。情感客观指用一种公事公办、实事求是的方式与学生交流的能力，即使情绪激动时。在对不当行为实施消极后果时，这一点尤为重要。

第6章 学生对管理的责任

到目前为止，我们一直在讨论教师在课堂管理方面可以并且应该采取的行动。当然，教师是课堂上的主导力量。但是硬币还有另一面。课堂管理的另一方面就是学生为课堂的良好运转应负有责任。事实上，一些理论家并不认同第2章到第5章中的一些建议。例如，雷蒙德·沃洛德科夫斯基（Raymond Wlodkowski）在一篇题为《纪律：巨大的虚假希望》（*Discipline: The Great False Hope*）的文章中指出：

> 因为纪律经常被用来实施控制，所以它对学生来说是一种直接或隐含的威胁。我们实际上是在对学生说，"如果你不做我认为你应该做的事情，我会让你在这个班里不好过"。

吉姆·拉尔森（Jim Larson）也表达了同样的观点。他指出："学校的纪律程序……往往更多地依赖事后反应型行政干预，如停课和开除。"拉尔森提出了一个解决方案，即让学生参与管理政策的设计和执行：

> 纪律守则明确说明什么是恰当的学校行为，并减少任意执行规则引起的争议……与旧的、强调规则和处罚的法律条文式的守则模式不同，现代的纪律守则应该是“自下而上”制定的，由学生、教师、辅助人员和家长共同参与，并经常审查修改。

拉尔森继续解释道，让学生参与建立和维持一个运转良好的课堂有助于培养其自律和责任感。他认为这是这个方案最重要的好处。乔治·贝尔也同意这一观点，并如此描述了培养自律的积极作用：“自律的内涵是一个人行为的内在动机、民主理想的内在化，并且在没有外部行为规范的情况下最为明显。”

正如前面的讨论和引文所说，学生对自己的行为负责的相关术语很多，包括**自律**、**自我管理**、**自我调节**、**自制力**、**社交技能**等。不管使用什么术语，贯穿所有这些讨论的共同主题是：应该向学生传递信息，即他们应该对自己的行为负责，并且应该获得实现这种自控的策略和训练。

相关研究与理论

大量证据表明，责任感教育是美国教育的重中之重。谈到自律，贝尔解释道，“美国公众认为学校应该在教育自律方面发挥作用，这种信念现在前所未有的强烈”。他引用了1996年的盖洛普研究。研究表明，98%的公众认为公立学校的主要目的应该是培养学生成为负责任的公民。

提高个人责任感的策略教育所产生的影响已得到了深入研究。使用自我调节技能的积极作用包括提高在特定学术领域的能力、增加课堂参与度以及减少行为问题。

常规课堂管理背景下的社交技能训练研究为责任教育提供了另一个视

角。具体来说，社交技能教育侧重于为学生提供方法以控制对同伴做出的反应。研究表明，这种能力与学生的态度、同伴对他们的态度以及学业成绩有关。这里同样需要注意的是，很多研究表明，社交技能和学业成绩之间具有相关性。

我对学生责任感的元分析结果见表6.1。如表6.1所示，责任策略教育的总体平均效应量是-0.694。这意味着责任策略可以使干扰性行为降低25个百分位点。请注意，表6.1还显示了两类基本责任策略的效应量：自我监测与控制策略和基于认知的策略。

自我监测与控制策略是学生观察自己的行为，以某种方式记录下来，并与一些预先确定的标准进行比较，然后认可和奖励自己的成功。需要指出的是，一些研究人员将这一类别中的方法称为基于关联的方法，但是我使用自我监测与控制这个术语是为了避免与第3章中描述的基于群体关联的方法相混淆。

基于认知的策略也包括观察和监督自己的行为。但是，这些策略通常不涉及记录行为、确定行为的标准水平或达到标准时的奖励。相反，基于认知的策略需要检查个人的内心对话所表达的思想，思考正在考虑的行动可能产生的后果以及备选行动，然后选择最有效和最积极的行动方案。

尽管学生责任的策略教育得到了强有力的研究支持，但在基础教育中，这种做法显然并不常见。爱德华·夏皮罗（Edward Shapiro）和克里斯汀·科尔（Christine Cole）在他们的研究回顾中解释道：

> 虽然教育工作者和家长都同意学习自我管理技能对孩子很重要，但是这些技能很少被系统地传授给学生，尤其是那些学习成绩不好或有行为问题的学生。更典型的侧重点是使用教师管理的关联方式进行课堂控制和管理。

培养学生对自己行为的责任感一直缺乏关注，可能是因为这个问题已经超出了任课教师的传统职责。正如本章的行动步骤一节所指出的，这类干预通常是劳动密集型的，取代了教师与学生、学生家长和监护人通常形成的关系类型。基于这些原因，我选择不把责任教育列为课堂管理的决定性因素之一。具体来说，在第1章，我列出了课堂管理的四个关键要素：规则与程序、纪律干预、师生关系和心理定式。显然，学生的责任教育不在此列。这并不是因为它没有作用，事实上，表6.1证实了直接培养学生责任感的作用。然而，培养学生责任感与实施规则与程序、纪律干预等是完全不同的量级。这需要一种非同寻常的奉献——需要经过深思熟虑。正如布罗菲解释的那样，如果教师选择从事这一领域，他们要乐于参与以下行动（见下页）：

表6.1 学生责任感效应量

	平均效应量	95%置信区间	受试者人数	研究数量	干扰行为降低的百分位数
责任策略（总）	−0.694	（−0.562）到（−0.825）	1021	28	25
自我监测与控制策略	−0.597	（−0.408）到（−0.786）	473	13	23
基于认知的策略	−0.778	（−0.479）到（−1.076）	203	5	28
高中	−0.981	（−0.574）到（−1.388）	109	3	34
初中	−0.826	（−0.586）到（−1.066）	309	8	30
小学高年级	−0.540	（−0.348）到（−0.733）	470	12	21
小学低年级	−0.706	（−0.339）到（−1.074）	133	5	26

1. 培养与学生的个人关系，这种关系不仅仅是为了单纯的教学目的。

2. 在课余时间与学生及其家庭打交道，而你的付出不会获得额外的经济补偿。

3. 处理多年来形成的复杂问题，但你没有接受过作为一名心理健康专业人员的特殊培训。

4. 也许会遭到学校管理人员的反对。

5. 也许会遇到来自你试图帮助的学生、他们的家人或其他可能参与其中的人的怨恨或沮丧。

我认为布罗菲的看法很有见地，教师应该在深入研究这个领域之前认真对待。然而，和布罗菲一样，我鼓励教师承担这些额外的责任。

学生责任教育项目

许多项目涉及了学生责任的诸多方面。**儿童发展项目**（Child Development Project）是发展自我调节技能最有前景的项目之一。正如贝尔所述，**儿童发展项目**以认知发展和建构主义方法为基础，关注亲社会行为的长期发展，同时不强调使用奖励和处罚进行外部控制。相反，它强调使用建构主义方法来培养社会责任感、内在动机和相关的亲社会行为。不过，公平地说，该项目确实采用了传统的课堂管理技术，如规则与程序的建立和实施。它强调使用在建构主义氛围中发展起来的社会问题解决技能（即鼓励学生设计自己的策略）来解决课堂冲突。

儿童发展项目包括一个强大的人才培养部门，教师三年期间在其中接受大约30天的在职培训。关于该项目的效果，贝尔指出：

项目评估使用了课堂观察、学生访谈和教师评定量表等。结果显示，与对照组相比，参加项目的儿童更能给予支持、更友好和乐于助人，并表现出更多自发的亲社会行为……

对儿童的访谈表明，参加项目的儿童具有更好的解决社会问题的技能，这一点在社会观点采择的措施上得到体现……

另外一些项目教授孩子们自我调节和责任感。**暴力预防项目**（The Second Violence Prevention Program）就是其中之一。根据卡罗琳·凯利（Caroline Kelly）的说法，该计划帮助4到6岁的儿童学习亲社会技能并减少冲动行为：

该计划的目的是提高儿童识别他人的感受和观点的能力，并对他人做出具有同理心的反应。此外，该计划的目标是通过将问题解决策略应用于社会冲突来减少儿童的冲动和攻击行为，并练习行为社交技能。识别愤怒并使用减少愤怒的技巧能帮助减少愤怒行为。

该项目的组成部分包括故事与讨论、角色扮演活动和课程卡片。除此之外，一些要求在家完成的辅助活动需要家长陪同参与。在很大程度上，孩子们首先通过文献资料学习自我调节技能和社交技能，然后再检验和实践这些技能，从而了解它们的重要性。

一些其他值得注意的项目直接或间接地教授学生对自己的行为负责，如：针对小学低年级和高年级学生的**我能解决问题**（I Can Problem Solve，也称ICP）、**有声思维**（Think Aloud）**男孩城镇教育模式**（Boy's Town Educational Model）以及阿诺德·戈德斯坦（Arnold Goldstein）和他的公司开发的**多元社交技能培训计划**（Multicomponent Social Skills Training Program）。关于这些项目和其他相关项目的综合述评，请参考夏皮罗和科尔及贝尔的文章。

行动步骤

行动步骤1 ▼

采用普通课堂程序，提高学生的责任感

许多常规做法可以培养学生对自己的行为和学习的责任感，包括班级会议、表达责任的语言、书面观点陈述和书面自我分析。

▶ 班级会议

班级会议是教授学生责任感的有力工具。芭芭拉·麦克尤恩（Barbara McEwan）、保罗·盖特科尔（Paul Gathercoal）和弗吉尼亚·尼姆（Virginia Nimmo）阐述了有效班级会议的以下指导方针：

- 根据适当的时间和地点，决定谁召集班级会议以及何时召开会议。
- 安排学生和教师就座，让他们可以看到所有其他班级成员的面孔。
- 希望大家在班级会议上不使用名字，因为班级会议的目的是解决问题，而不是针对人。
- 确立会议要不偏离主题的基本原则。
- 确立学生有权不参会的基本规则。
- 鼓励或要求学生写日志记录班级会议。

教师可以充分利用最后一条关于日志的建议，帮助学生理解自己的行为。确切地说，你可以请求或要求学生用日志记录整个班级的行为及自己个人的行为。每次召开班级会议时，你可以要求学生在日志中做记录。此外，学生也可以在日志中记录他们在其他重要时刻的想法和反应——例如，当干扰性事件的发生严重影响了课堂的顺利运转时。下面的案例描述了这个过程：

> 狄龙女士要求她的学生在每次班会后写日志。但是，她注意到，许多学生写起来很困难。经过反复尝试，她最后提出了一种写日志的结构使事情有了改观。她让学生们在纸的中间上下画一条线。在左栏，他们要写一两句话来描述会上讨论的问题。在右边一栏，对应着每个问题，他们要解释班级会议的结果是什么，或者至少讨论的结果。最后，在这页纸的底部，他们要用一两句话谈谈他们对这次会议的感受，或者是讨论达成的一两个个人目标。狄龙女士注意到学生写日志有了巨大进步，于是她决定在每次会议开始时，请几个学生读一读上次会议时他们写的东西。这使写日志成为一种责任，并使会议更具有连续性。

▶ 表达责任的语言

我们使用的语言是思想的窗户。此外，语言学家告诉我们，我们会为那些我们认为很重要的事情发展特定的词汇。例如，如果你生长在一个重视滑雪的文化中，你就会掌握丰富的关于滑雪和雪的种类的词汇（例如，平行滑雪、犁雪、玉米雪、粉雪、紧粉，等等）。这些专业词汇不仅能让你更好地交流滑雪，还能帮助你更好地理解滑雪。这也同样适用于帮助学生培养对自己行为的责任感——如果他们没有用来谈论责任的语言，他们就没有用来探索这个概念的工具。因此，芭芭拉·麦克尤恩、保罗·盖特科尔和弗吉尼亚·尼姆建议从基于《权利法案》的一套简单的法律原则开始。这种方法被称为**“明智纪律”**（Judicious Discipline）。运用明智纪律的教师首先向学生介绍权利、自由和平等的基本概念。接下来，他们在课堂上对这些概念的本质进行解释和讨论。举例来说，麦克尤恩、盖特科尔和尼姆讨论了如何向学生提出个人自由的概念："如果一名教师、行政人员或职员能够证明学生的行为对健康和安全、财产或学校的教育目标构成威胁，那么学生的自由应该受到限制。"

明智纪律方法的核心是发展美国宪法语言用来讨论课堂上出现的问题。同样，麦克尤恩、盖特科尔和尼姆解释说："当公民、权利和责任之类的语言被用来调解学生和教师之间的问题时，课堂就转变为一个参与性的民主社区。"使用这种方法时可能需要处理的关键术语包括权利、自由、平等、责任和威胁。

尽管明智纪律对学生行为的影响还没有得到很好的证实，但许多研究表明，它改变了学生对自己行为的责任水平。下面的案例描述了教师如何使用这种方法：

> 在林肯女士班级的后墙上有一个布告栏，分为三栏，标注如下：
>
> 权利（Rights）　　责任（Responsibilities）　　奖励（Rewards）
>
> 从第一天起，林肯女士就告诉学生，这是她的班上最重要的三个R。作为一个班级，他们一起填表确定学生在课堂上应享有的权利、对应的责任，以及保持权利和责任平衡所享有的积极后果。例如，学生们说他们有权利：
>
> - 表达自己的观点。
> - 在有需要的时候四处走动。
> - 在他们需要的时候得到帮助。
>
> 他们也同意，有了这些权利，他们就有责任：
>
> - 表达对思想的看法，而不是对人的看法。

- 在不打扰他人的情况下在教室里走动。
- 在寻求帮助之前，先尝试独立工作。

如果学生行使权利并承担责任，会获得相应的奖励。“奖励”部分列出了一些学生会感到更快乐、学习更好的奖励方式。在全年所有的班会上，学生都可以提出在列表中添加权利；然而，他们知道——他们的同学提醒了他们——要讨论权利，他们不能不讨论另外两个R。

▶ 书面观点陈述

阐述观点往往需要非常准确。塞西莉亚·内托利基（Cecelia Netolicky）介绍了一种培养学生责任感的方法。这种方法在很大程度上依赖于开发一个被称为**“精神文件”**（Ethos Document）的文档。这是因为**精神**（Ethos）一词是指**贯穿于一个群体或社会的潜在信念和情感**。当然，一个教室代表了一个小社会。因此，精神文件是宣告课堂预期行为背后的信念。根据内托利基的说法，精神文件通常包含如下陈述：

- 所有学生都有权利受到尊重。
- 所有教师都有权利受到尊重。
- 每个人都有权在教学-学习环境中感到安全。
- 学生应该尊重学校财产。

精神文件这样的文档在制定时应该经过深思熟虑，并尽量听取学生的意见。这可能是新学年开始时学生参加的第一次全班活动。下面的案例描述了精神文件在课堂上产生的过程：

拉莫斯女士一直在想她最喜欢的打击犯罪电视节目中一个法官所说的话：“他可能没有遵守法律条文，但他肯定忠于法律精神。”

这种说法让拉莫斯女士感到不安，因为她想到，她在课堂上花了太多时间与学生讨论规则“条文”，而不是精神。第二天早上开始上课时，她在一块海报板上写下：**规则的精神**。

在标题下面，她写道：

教室里的每个人都……

她向学生讲述了自己前一天晚上观看电视节目的经历。“我认为我们这里缺少对规则精神的共识，或者换句话说，规则的动机。我们现在就来做。我先来。”她在海报板的下一行写道：

……有学习的权利。

“我是下一个。”桑德拉提出。

……可以犯错而不用感到尴尬。

“我有两条。”克拉丽斯说。

……己所不欲，勿施于人。

……感觉自己是被接受的。

在他们完成后，拉莫斯女士对这份清单和形成这份清单的过程都感到非常兴奋。从那天起，无论出于什么原因提到规则，她总是引用规则精神清单来指导他们的讨论和决定。

▶ 书面自我分析

除了精神文件，内托利基还建议让学生使用指定表格记录自己对行为事件的分析。她称之为“自我辩护表”。表格包括以下要素：

- 事件发生的日期
- 事件发生的地点
- 事件中涉及的其他人

- 学生对下列问题的回应：
  - 我认为我在这次事件中的责任是什么
  - 我认为其他人对这次事件有什么责任
  - 我认为这个问题应该如何解决
  - 我怎样才能阻止这种事情再次发生
  - 关于事件最终达成的一致意见

自我辩护表的基本目的是，学生检查自己在事件中的责任的同时，阐明他们对违纪事件的观点。更确切地说，这些问题涉及学生在事件中的责任、如何防止同类事件再次发生，以及他们愿意就事件达成的一致意见。这些都是培养学生责任感的有力促进因素。接下来的案例描述了自我辩护表在班级里是如何使用的：

> 坎贝尔中学的老师们听说过这样一种纪律措施，即让学生写下行为事件并进行分析，有时甚至为自己在事件中的角色辩护。他们渴望开发一种类似的方法。他们编写了下列句干，学生在分析他们的行为时要填写这些句子：
>
> 我认为我对这件事负有责任，因为我______________。
>
> 我认为________对这件事有责任，因为他/她__________。
>
> 我想如果我做/没有做______________的话，这件事就不会发生了。
>
> 我想如果____________做/没有做____________的话，这件事就不会发生了。
>
> 当我回想发生的事情时，我希望______________。
>
> 如果下次我遇到类似的情况，我会______________。
>
> 我认为解决这一事件引起的问题的最好办法是____________。

最初，老师们对自己的工作很满意。但后来几位老师提醒小组成员，他们的许多学生要么在书面交流方面存在严重问题，要么英语水平低，所以他们完成这些句子时会感到非常不舒服。但是老师们相信书面自我分析的力量，所以他们决定继续改进，让形式更适用于所有学生。首先，他们使用了一个新的方法，允许学生在必要时用小型盒式磁带录音机口头完成这些句子。通过这种方式，老师们告诉学生自我分析比写作更重要。其次，老师们将句子翻译成多种语言，确保所有学生都有机会用他们最习惯的语言分析自己的行为。完成修改后，老师们觉得他们创建了一个新方法，为所有学生提供机会分析自己的行为并为自己的行为负责。

行动步骤2 ▼

为学生提供自我监测与控制策略

如表6.1所示，我的元分析侧重于自我监测与控制策略以及基于认知的策略。在讨论这些策略的细节之前，我们要回顾一下布罗菲的警告，即这些技术超出了正常的课堂实践，需要你做出非凡的努力。这就是说，它们可能是你为学生提供面向未来的技能所做出的最有力的事情之一。我们从自我监测与控制开始。

自我监测与控制策略要求学生观察自己的行为，以某种方式记录下来，并与预先确定的标准进行比较；如果达到标准，认可并奖励自己的成功。很明显，这种策略不能也不应该用于整个班级。更确切地说，它是为那些一般管理技术不起作用的特定学生设计的。

确定哪些学生需要使用自我监测与控制策略通常很简单。自我监测与控制策略的候选人是那些你尝试过其他方法但都不起作用的学生。但获得他们的同意并不容易。这通常需要和学生会面一两次，最好还有学生的父母。会面时首先要确定的一点是，学生的行为不仅对你是个问题，而且对整个班级、最终对学生自己都是一个问题。对学生的行为及其影响进行记录是非常有用的。因此，在第一次会面之前，你可以花一些时间记录学生行为问题的细节，延续大概一两个星期。记录的项目包括：

- 事件发生的日期和时间
- 事件发生的背景
- 学生的具体行为
- 你做了什么
- 学生对你的行为的反应
- 该事件对班级、你和学生的影响

接下来需要和学生、学生家长或监护人确定的是，你的意图不是处罚学生。相反，你的目标是帮助学生在你的班级里获得成功，并且为他提供一个可以在各种情况下使用的策略。这种交流相当复杂，应该谨慎对待。下面的案例描述了这种交流是如何在教室里进行的：

杰森是个谜。汉考克先生尝试了他所知道的每一种策略，试图让杰森停止扰乱课堂秩序并完成作业。然而，让汉考克先生深感困惑的是，他得知杰森是足球队的头儿，而且最近被选为队长。此外，他知道杰森非常聪明，当他专心学习的时候，他获得的都是A或B。令人沮丧的是，杰森的缺课正在毁掉他的个人记录。这就是汉考克先生在与杰森、他的父母和辅导教师会面时做的情况简介。会议开始时，他在他们面前的桌子上放了两沓小卡片。在第一沓的每一张卡片上，他都简短地描述了杰森表现好的时候展示出来的奇妙品质。在另一沓的每一张卡片上，他都简要描述了杰森在其他日子里的干扰性行为、转介行政科[1]和旷课等。“我想找到一种方法来消除这一堆消极的卡片，留下这一叠积极的卡片。你觉得呢，杰森？你愿意和我一起努力吗？”杰森犹豫了一下，但还是同意了。

学生一旦认识到了自我监测与控制策略的重要性，并接受了你作为良好行为倡导者的角色，你就可以向学生介绍这种策略了。自我监测与控制策略有多种变体，但是，它们都遵循一个基本模式。下面我将介绍自我监测与控制的四个通用阶段。

第一阶段：做记录和条件式奖励。在这一阶段，学生定期监测自己的行为。在小学的独立教室，学生每30分钟或45分钟记录一次，因为教师一天的大部分时间或一整天都与学生在一起。在中学的初中或高中班级，每10分钟或15分钟记录一次，因为教师通常只上一节课。在确定记录间隔之前，你应该已经确定了学生想要改变或停止的特定行为。例如，某学生的行为可能是与附近的学生交谈并试图引起他们的注意。如果你设定提示信号来提醒学生做记录，这会很有帮助。这种提示可以非常简单，如轻敲课桌的某个位置。一些教师用计时器来提醒自己或学生做记录。适当的时候，学生要填写一个简单的表格，如表6.2所示。请注意，表中的等级是从对目标行为的无意识到对目标行为的有意识但没有控制，再到对目标行为的有意识并有所控制，最后是目标行为的中止。

每个星期（或更低的频率），你和学生将在记录表上设立目标等级。例如，第一星期的目标可能是让学生获得高于1的评分数量多于获得1的数量。

① 这是教师把学生转交给学校管理员去接受纪律处分的一种方式。教师一般尽可能在课堂上处理不良行为和其他问题。然而，当行为特别严重时，需要转介行政科。老师需要填写转介行政科表格，包括事件的性质、事件发生的情况、老师已经采取的行动等，然后交给学校办公室。一名管理人员被分派负责此事，并决定如何处理学生。——译者注

如果达到目标，学生会获得一些奖励。奖励最好是学生参与确定的东西。你和学生每周可以设定更具挑战性的目标。例如，第二周的目标可能是获得的3分或4分要多于1分或2分。同样，如果达到了目标，学生就会获得奖励。这种模式一直持续到学生的自我评价达到你和学生都可以接受的水平。

表6.2 学生自我汇报表

时间1	1. 我想都没想就做了。	2. 我想了想，但还是做了。	3. 我想了想，做得比平时少了。	4. 我没做。
时间2	1. 我想都没想就做了。	2. 我想了想，但还是做了。	3. 我想了想，做得比平时少了。	4. 我没做。
时间3	1. 我想都没想就做了。	2. 我想了想，但还是做了。	3. 我想了想，做得比平时少了。	4. 我没做。
时间4	1. 我想都没想就做了。	2. 我想了想，但还是做了。	3. 我想了想，做得比平时少了。	4. 我没做。
时间5	1. 我想都没想就做了。	2. 我想了想，但还是做了。	3. 我想了想，做得比平时少了。	4. 我没做。

第二阶段：没有正式记录的监测。在这一阶段，正式的记录形式被放弃，取而代之的是一种不太引人注目的记录方法。最初，记录方式可以是书面的。例如，在每天或每节课结束时，学生书面总结自己在目标行为方面的表现。你也可以同样做。随着时间的推移，书面总结可以用口头总结代替。你和学生可以在每个周末见面。如果你们双方都认为学生的行为是可以接受的，那么学生就可以得到奖励。

第三阶段：没有正式记录，没有奖励。在这个阶段，学生仍然以非正式的方式做记录，你和学生仍然每周见面讨论学生的行为。然而，如果你们双方都认为学生的行为是可以接受的，不再给予正式奖励。

第四阶段：学生自主。在这个阶段，学生有了一定程度的自主权。他不必与你会面报告他的行为，接受认可或奖励。然而，你仍然可以偶尔和学生讨论他的行为。

下面的案例描述了自我监测和控制过程在课堂上是如何进行的：

每当汉考克先生问杰森为什么他总是讲笑话、接话茬来扰乱课堂时，杰森总是回答："我不知道。我想，我当时没有思考。"汉考克先生解释说，他要开始一个四阶段自我监测和控制过程来帮助杰森进行思考。他们开始关注杰森的干扰性行为。根据计划，杰森携带一个非常小的螺旋笔记本——小到可以塞进牛仔裤的大口袋里——来记录自己的行为。在课堂上，汉考克先生经常提示杰森记录时间，然后用他们商定的编码系统对他自己的行为进行评分（见表6.2）。每次下课时，汉考克先生都会瞥一眼杰森笔记本上的评分，并在适当的时候写下简短的评语，比如"我希望明天会更好"或"太棒了！加油"。

每两天结束时，汉考克先生会打电话给杰森的父母，报告杰森的情况。如果杰森达到了设定的目标，他的父母会给他一些奖励（看电视的时间，在电脑上聊天的时间等）。渐渐地，杰森不再在他的小笔记本上做记录，而是在课后和汉考克先生讨论他的进步。给家长打电话的频率降低了，奖励变成了杰森父母的微笑和击掌。有趣的是，也正如所料，随着杰森干扰性行为的减少，他的成绩也提高了。

行动步骤3 ▼

为学生提供基于认知的策略

与自我监测和控制策略一样，研究人员已经设计了许多相当具体的基于认知的策略。对于常规课堂，这些策略分为两大类：社交技能训练和问题解决。社交技能训练需要为学生提供应对社交场合的策略。这些技巧对那些缺乏社交技能而导致课堂不和谐的学生特别有用。例如，一个与其他同学交流有困难的学生可能会扰乱课堂，不是因为他想违反课堂规则或程序，而是因为他表现出了由于交流不畅而产生的挫折感。在第4章中，我们称这样的学生为不擅社交者。问题解决策略在本质上更为通用，因为它们不只适用于社交。尽管这两种基于认知的策略关注的问题略有不同，但它们通常采用相同的过程，包括以下步骤：

- **第一步：当注意到自己变得愤怒、烦恼、沮丧或不知所措时，停下正在做的任何事情。**最常见的情况是，在我们意识到问题即将发生之前，我们的情绪会首先发出信号。因此，让学生们认识到自己正在上升的情绪是基于认知的策略的第一步，也可能是最有力的一步。与此同时，学生们立即停下正在做的事情。这背后的想法是，强烈情绪影响下的行动通常没有得到很好的控制或深思熟虑。相反，它们往往是简单的消极反应。
- **第二步：问问自己，我可以用哪些不同的方式应对目前的情况呢？**这一步有可能将学生的行为从简单的反应转化为有意识的决定。只要他们考虑对某一特定情况可做出的多种不同反应，无论是社交场合（学生因与另一个学生发生分歧而愤怒）还是更普遍的问题（学生因未能引起教师的关注而变得沮丧)，学生可采取行动的可能性范围都会有所改变。

- **第三步：考虑每种选择的后果。**考虑后果使学生的行为处于相对较高的理性思考水平。在社交情境或解决问题的情境中，也许看起来学生并没有太多的时间思考后果。但是，人类思维在快速检查替代方案方面十分高效。因此，即使短暂思考不同的选择引起的后果，也可以有效地遏制不当行为。
- **第四步：选择可能对你和他人产生最积极影响的行动。**有了备选方案，学生就能更好地选择对自己和其他同学都有积极影响的恰当的行动方案。这一步骤背后的逻辑是，大多数人在考虑某种情形并检查替代方案及其后果时，会选择对自己和他人普遍有益的行动。

这种基于认知的策略不仅可以帮助学生改变行为，还可以帮助他们理解为什么以及如何对特定情况做出反应。事实上，停止冲动反应这个简单的行动让学生开始能够控制自己的行为。上述四个步骤具有广泛的应用范围。对于年龄较小的学生，这个过程可以用以下方式来表达：

1. 当你觉得可能会做一些有害的事情时，停下来想一想。
2. 你还能做些其他的什么事呢？
3. 如果你做了这些事，会发生什么？
4. 挑一件最好的事情去做。

为了实施基于认知的策略，你要与学生及其父母或监护人会面，并确定以下事实：为了帮助学生，你想提出一种她可以使用的策略。随后，关于学生将要采取的具体行为，你们要进行大量的讨论。模仿上述步骤中使用的思维方式对学习基于认知的策略也很重要。要做到这一点，你可以使用“有声思维”向学生演示这个过程。例如，你可以描述你的生活中适合使用该策略的一种情况。然后，你将践行每一个步骤，同时描述你的想法。接下来，你可以找一个过去发生的事情，一种适合学生使用该策略并从中受益的情形。然后，你可以让一名学生思考这些步骤，同时描述自己每一步骤时的想法。你们可以一起集思广益，思考学生可以选择的其他行动以及每种行动的后果。在学生使用该方案进行了一些练习后，他们就可以在课堂上试用了。

和学生确定一个提示信号非常有用。你可以用信号来告诉学生，现在是使用基于认知的策略的好时机。例如，对于一个易于对其他同学发怒的学生，你可以简单地说出学生名字作为口头提示。学生会领会到你在提醒他：现在应该使用这个策略了。你要定期与学生会面，讨论该策略的实施效果。下面的案例描述了一位教师如何使用基于认知的策略：

奥弗贝女士演示了“深思熟虑的行为”的四个步骤。为了强调这一过程，她试着用图片来说明这些步骤。她制作了一个横幅（见图6.1），贴在教室黑板的顶部。除了制作班级横幅外，奥弗贝女士还印制了迷你横幅，大小正好适合做书签。当她指导个别学生学习时，她会把书签送给他们作为个人提醒，提醒他们注意深思熟虑的

图6.1 学生横幅

行为的步骤。她经常鼓励捣乱的学生的家长在家里讨论和强化这些步骤。

她最美好的回忆之一是凯琳，一个成功的案例。直至凯琳发明了一种使用方法，书签才真正发挥了作用。每当奥弗贝女士注意到凯琳生气了，她就会提示凯琳使用书签。凯琳会立刻找到她的书签，放在她的书桌上，把手指放在第一步的图案上，闭上眼睛，皱起眉头，思考。然后她会睁开眼睛，把手指放在第二步上，闭上眼睛，然后再思考。当她集中精力完成所有步骤时，她已经很冷静，并决心做正确的事情。这会为她赢得与奥弗贝女士的击掌。

小结

虽然教师是课堂管理的主导力量，但学生也负有责任。与学生一起培养这种责任感需要教师付出非凡的努力和奉献。然而，如果教师希望帮助学生为课堂管理做出重要贡献，他们可以采用一些有效的策略。

第7章 开启良好开端

一个班级并不是从最初就有良好的管理。相反，小学教师每年在课堂上会遇到30多名新生；他们把老师视为生活中的新人。中学教师每学期可能会遇到五六个新班级的学生，甚至更多。同样，这些学生对教师来说就像教师对他们一样陌生。对于这样的师生新组合，课堂管理实施体系往往需要重新构建。那么，关于如何建立一个有效管理的课堂，我们了解多少呢？

相关研究与理论

长期的研究历史记录了我们对如何创建有效课堂管理的了解。几乎所有的研究都指出，新学年的开始是建立有效课堂管理的关键期。举例来说，格特鲁德·莫斯科维茨（Gertrude Moskowitz）和约翰·海曼（John Hayman）对14名高效初中教师的新学年开始行为进行了研究，并与13名初中新手教师进行了比较。新手教师并未花费太多时间向班级介绍管理程序和各项活动，而高效教师在最初几天不仅专注于管理，而且使用了非常有序和系统的方式——清楚地阐明规则与程序，与学生们一起练习，确定违反规则和程序的惩戒后果。

研究人员对小学阶段的研究也有类似发现。在一项对14名被认定为有效管理者的小学教师的研究中，M. 艾森哈特（M. Eisenhart）发现，他们在学年开始阶段主要专心于布置教室、确定常规活动计划并建立奖励和表彰制度。贾斯汀·巴克利·戴尔（Justin Buckley Dyer）和科迪·W. 库珀（Kody W. Cooper）报告说，在有效管理的课堂上，教师在上课的第六天就已经牢固地建立了日常管理程序。

对新学年开始阶段的开创性研究是在奥斯汀的得克萨斯大学**教师教育研究与发展中心**进行的四项系列研究。这些已在第1章简要讨论过了。其中两项在小学进行，另外两项在初中进行。教师们在开学第一天开始接受观察，然后在一到两个月内定期接受观察。在众多发现中，一个比较突出的发现是，最高效的教师不仅在新学年开始前就为课堂管理做好了计划，而且他们还花很多时间以确保管理活动达到以下目标：

- 学生能够理解。
- 学生普遍接受。
- 反复练习，直到成为日常程序。

即使这项研究没有获得清楚的结果，常识也告诉我们，在学年、学期或学季刚开始的几天进行课堂管理训练可能会避免未来的许多问题。谈到中学课堂，埃默、埃弗森和沃沙姆指出，“刚开学的前几周对课堂管理尤为重要，因为在这段时间里，学生要学习全年所需的行为和程序”。谈到小学阶段的新学年开端，埃默、埃弗森和沃沙姆提供了几乎完全相同的建议：“学年的开始是课堂管理的一个重要时期，因为学生在此期间学习的行为、态度和学习习惯将影响之后的一整年。”

良好开端项目

大多数课堂管理项目都在一定程度上关注了新学年开始的重要性。然而，**课堂组织和管理项目**相当直接而有效地分析了这个问题。该项目分析了课堂管理的七个具体要素，划分为以下七个模块：

1. 教室规划
2. 规划和讲解规则与程序
3. 培养学生责任感
4. 保持良好的学生行为
5. 计划和组织课堂教学
6. 进行课堂教学并保持良好势头
7. 开启良好开端

第七个模块的开启良好开端针对学期初前几天，就如何向学生介绍管理体系的关键特征以及如何让学生参与其中提供了明确的指导。教室规划模块为教室布置、设备和材料储存以及全班和小组讨论的最优方案提出了具体建议。这些都是在学年、学期或学季开始时应该解决的关键问题。

行动步骤

行动步骤1 ▼

采用利于有效课堂管理的方式布置和装饰教室

虽然算不上显而易见，但布置和装饰教室的方式确实能向学生传递大量信息，而学年初正是传递这些信息的最佳时机。埃默、埃弗森和沃沙姆解释说：

> 记住，教室是你和学生的学习环境。虽然它每节课要容纳多达30名或更多的学生，但这算不上一个很大的区域。你的学生要使用教室的不同区域参加各种活动；当课间转换课程时，他们必须快速地进出教室。如果教室布置能使学生行动起来有条不紊、做事很少分心，并且可用空间能被有效地使用，你一定会收到更好的效果。

埃默、埃弗森和沃沙姆以及埃弗森、埃默和沃沙姆对教室布置提出了一些总体建议。我把他们的建议和我的想法结合起来，提出了下列建议。教室布置应该做到以下几点：

- 你可以很容易地看到所有学生。
- 学生可以很容易地看到所有的讲解和演示。
- 常用材料容易获得。
- 过道通行便利。
- 方便将学生分成两人组、三人组和其他形式的小组。
- 教室不配备或突出不必要的干扰物。

图7.1举例说明了小学教室应该如何布置。一名小学教师首先要做的决定之一是在哪里进行全班教学。因为全班教学要在可以使用黑板或白板的地方进行，所以在这个问题上你可能没有太多的选择。所有学生要很容易地看到这个区域，不必站起来或过多地移动椅子。如图7.1所示，该区域应该安装一台高射投影仪。你的讲桌应该放在全班教学区附近。如果你的讲桌要用来存放全班教学时经常用到的材料，那这一点尤其重要。

你可以用很多种不同的方式摆放学生的桌椅。请注意，在图7.1中，桌子是成簇排列的，而不是成排的；但是所有学生都可以很容易地看到全班教学区。鉴于合作学习的重要性和使用的频繁性（参见第2章的讨论），课桌的布置应该让你很容易地将学生分成不同规模和不同参与者的小组。图7.1中的簇状排列方式可以做到这些。

书架应该放在使用方便但又不会造成拥堵的地方。另外，书架也不能给你制造盲点。也就是说，无论学生在教室的哪个位置，你都需要清晰地看到他们。

你还需要一个和学生小组进行交流的地方（比如阅读小组）。图7.1中是教室右侧的一张桌子（从全班教学区域看）。当你和学生小组交流时，你的椅子应该背对着墙；这样你就能看到整个班级了。

许多小学教师经常使用各种中心——学生们聚在一起从事特定项目或研究特定主题的地方。在小学阶段，学生们通常到中心进行艺术和科学活动。同样，这些中心应该远离主要通道，但又要在你容易看到和监控的地方。理想情况下，你的教室里应该有一台或多台可以上网的电脑。电脑区域可被看作又一个中心。中心所必需的材料应该放在附近。

图7.2是中学教室的一种布置方式。同样，你要做的第一个决定是在哪里进行全班教学。全班教学区要靠近黑板或屏幕；高射投影仪也很重要；另

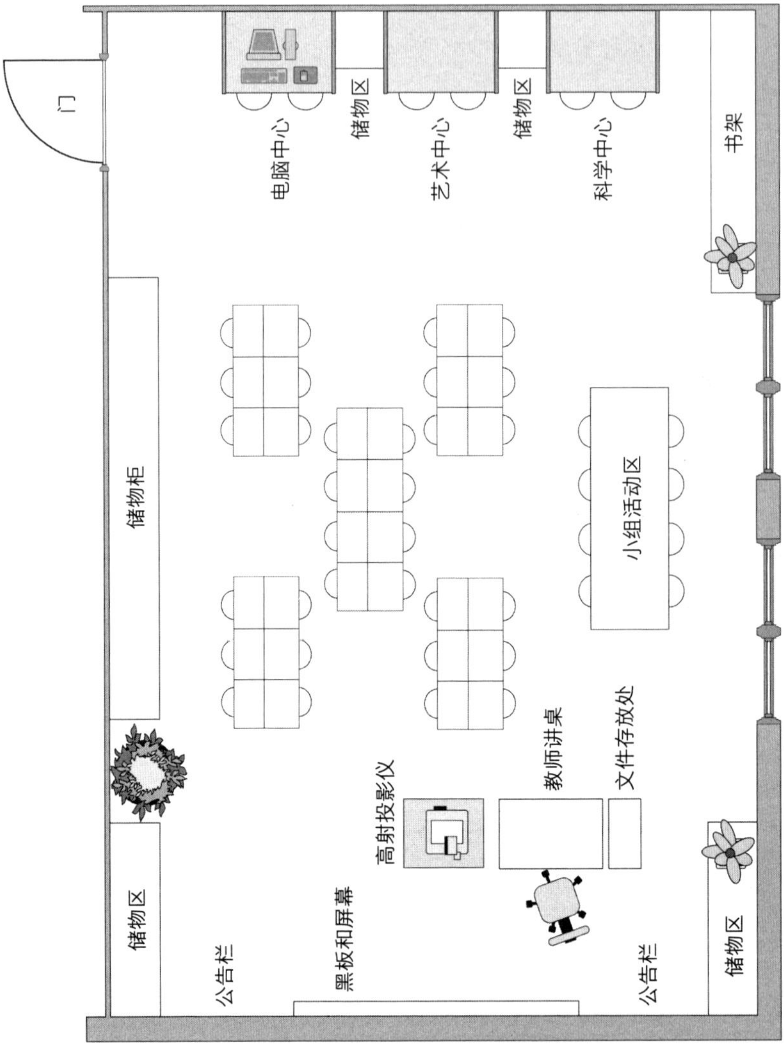
门
电脑中心
储物区
艺术中心
储物区
科学中心
书架
储物柜
小组活动区
教师讲桌
文件存放处
高射投影仪
储物区
黑板和屏幕
公告栏
公告栏
储物区

图7.1 小学教室布局

外还需要一张讲桌。所有学生要能够清晰地看到你、黑板和投影仪。

尽管学生课桌可以有许多排列方法，许多中学教师仍然喜欢像图7.2那样，把学生按排排列。这种排列方式不易于把学生快速分成合作小组，但是许多中学的班级容量不允许将课桌排成簇状。你还要确保桌子不要靠得太近，以减少学生相互影响的机会。注意，在图7.2中，教师的讲桌在教室的后面。虽然把课桌放在教室前面、靠近全班教学区肯定是合适的，但是把它放在教室的另一端、全班教学区的后面，可以确保你不但时常在教室的前面，也时常在教室的后面。此外，把讲桌放在教室的后面可以让你方便地观察学生做课堂作业的情况，而他们并不知道你在观察哪里。

同样，应该留出一个区域供学生进行小组活动或老师进行小组教学。在图7.2中，从全班教学区的角度看，小组活动区域位于教室的左侧。

中学教室通常不设置各种中心，但教室里最好有一台或多台可以上网的电脑。电脑应该放在远离通道的地方，但是教师要能看到正在使用电脑的学生。电脑相关材料的储物区应在附近。

中学的一些教室——例如科学教室和工艺美术教室——通常建成实验室。普通教室的注意事项也适用于实验室环境。由于这些空间中的设备大多是永久性的，座位安排的灵活性会有所降低。

除了教室的布置，教师还应该考虑教室的装饰。再次强调，当学生们第一次走进教室时，教室的外观会传达强大的信息。需要注意的是，装饰教室的重点应该在它的功能性上。也就是说，装饰的目的不是创造一个“漂亮”的环境，而是创造一个学习环境。正如埃弗森、埃默和沃沙姆解释的那样，“不要花太多时间装饰你的教室。为了准备开学，你还有许多其他重要的事情要做。几个光秃秃的公告栏不会有人在意”。了解了这个重要的限定条件，我提供了一些有效课堂管理的常用装饰元素的建议。

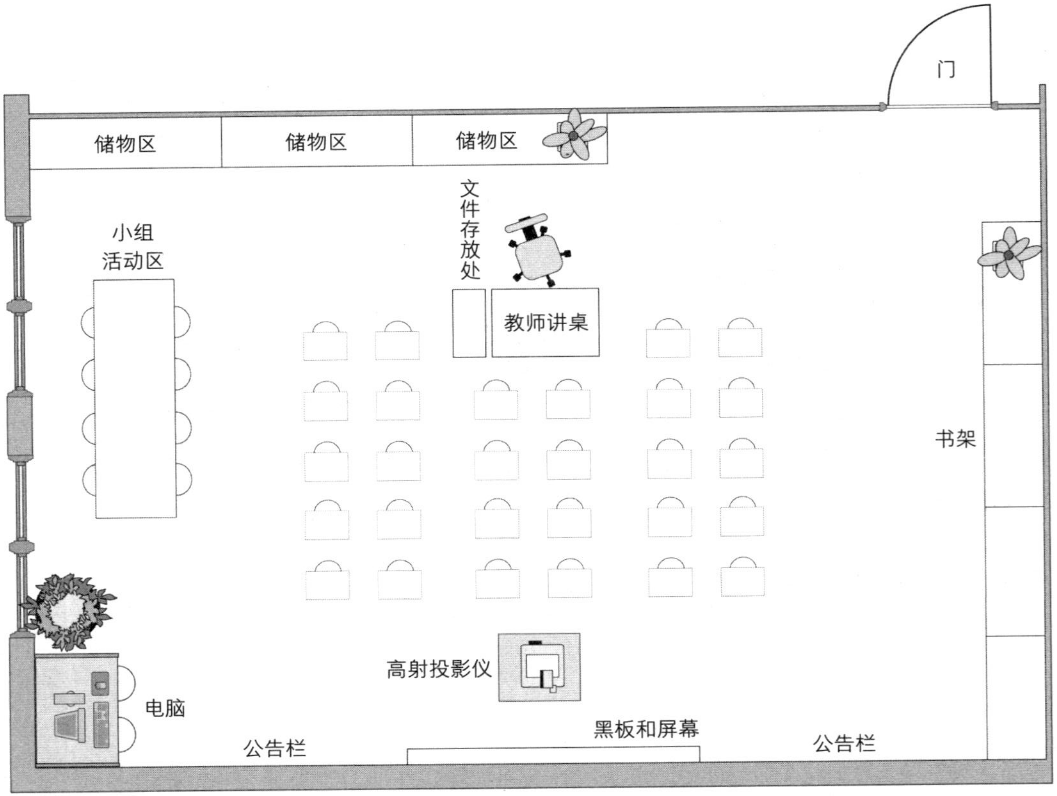

图7.2 中学教室布局

小学教室通常包括以下装饰元素：

- 日历。
- 展示学校公告和校园精神相关内容的位置。
- 发布作业正确格式的地方（例如，文章标题的正确格式）。
- 列出每日作业或每日日程的地方。
- 展示当前重要话题信息的地方。
- 一张带有层压信封口袋的海报。每个孩子一个口袋，用来给学生个人发送信息。

中学教室通常包括以下装饰元素：

- 展示学校公告和校园精神相关内容的位置。
- 列出学校作业的地方。
- 展示作业范本的地方。
- 展示学生作品的地方。

下面的案例分别描述了小学和中学教师是如何装饰他们的教室的：

小学

赖斯女士过去常常在开学之前利用几天的时间装饰她的教室。现在不用了。现在孩子们来到一间几乎空无一物的教室，然后她和孩子们开始装饰墙壁。他们一起张贴日历，设置学生作品展示区，为他们的个人材料创设个人空间。赖斯女士一边干活，一边解释每个空间的用途和价值。她相信，学生们通过这个过程可以更快地理解和利用这些空间的资源。她现在更多地利用开学前的时间进行课程规划。

中学

在教学的最初两年中，克兰克先生必须承认他的计算机实验室配得上“单调实验室”的称号。他想装饰一下，但又不愿意花时间。当然，他最终意识到身边的技术可以帮他解决问题。他使用熟悉的软件制作了令人惊叹的日历、作业板和提醒表——全部使用学校标志色。不过，他最好的突发奇想是一个定期在天花板上投映的“虚拟”公告牌。

行动步骤2 ▼

强劲开始第一天

我们常说的“你只有一次机会给人留下第一印象”非常适用于上课第一天。你在第一天所做的事情会为接下来的一年定下基调。应该进行哪些活动并没有固定的模式，但是一些常规性建议似乎是有效的。同样，我将埃默、埃弗森和沃沙姆以及埃弗森、埃默和沃沙姆的建议与我自己的一些建议进行了结合。

以下是在小学课堂上上课第一天要做的一些重要事情：

- 准备学生姓名牌，但要备出余量，以防有新学生被分配到班级。
- 学生进入教室时，热情地迎接他们，帮助他们戴上姓名牌并入座。或者，你可以把姓名牌贴在他们的课桌上。
- 制作座位表。
- 不要让学生四处走动或让他们感到困惑。
- 告诉学生一些关于你的事情，并让他们进行一个简短的相识活动。例如，你可以让学生说出他们的名字和最喜欢的活动，或者用姓名游戏帮助学生记住彼此的名字。你也可以让他们完成一份简短的兴趣清单（如下文所示）。

- 介绍并讨论课堂规则和程序以及惩戒手段。

小学生兴趣清单

1. 你有什么宠物？如果没有，你想养什么？ ____________________
2. 你在学校最喜欢的科目是什么？ ____________________
3. 为什么？ ____________________
4. 你最喜欢的电视节目是什么？ ____________________
5. 放学后你喜欢做什么？ ____________________

下面的案例讲述了小学课堂第一天是如何进行的：

开学的第一天，杰克先生用姓名牌迎接每个学生。姓名牌上每个学生的名字旁边都有几个象征着课程的贴纸——一种动物，一个形状，一个字母，一个故事标题。在这一整天的时间里，杰克先生根据其中某一个图形对学生反复进行分组和再分组。（“好吧，我们现在要按动物分组。养狗的同学，到这里来；养鸟的同学……”）每次分组后，学生们先相互认识，然后杰克先生会给他们讲解课程目标和班级常规并让大家讨论。第一天结束时，每个学生和其他每位同学都曾分到过一组，而且杰克先生还介绍了课程。

以下是中学阶段第一天老师要采取的一些行动：

- 上课前，站在门边。监控走廊上的总体情况，指引走廊上的学生找到去教室的路。
- 学生进入你的教室时，向他们打招呼。告诉他们，第一天他们可以自己选择自己的座位，但稍后你会分配座位。

- 开始上课时，先处理必要的管理工作，例如点名、填写学校中心办公室需要的表格或卡片。学生填写好后要把表格或卡片举起来，以便于收集。
- 告诉学生你的名字和一些相关情况，例如你的家庭背景、教学经历、业余爱好等。如果学生们彼此不认识，为他们组织一个简短的相识活动。例如，你可以将学生分成三人一组，让每个学生说出自己的名字和一些关于自己的事情。你也可以让学生填写下文所示的“中学生兴趣清单”。
- 通过简短的活动向学生传达你将讲述的内容和他们将参与的活动类型。
- 发给学生一份课程大纲，并简要介绍你的期望。（现在不是深入解释作业或评分标准的时候。）
- 发给学生一份书面课堂规则与程序，一份消极后果与积极后果制度。与学生一起仔细阅读，并解释每一个条款的具体内容。允许学生提问并说明他们有机会修改规则和程序。
- 用下课的例行程序来结束这一节课，确保收好材料，保持教室整洁。

中学生兴趣清单

1. 你在学校最喜欢的科目是什么？ ______________________
2. 为什么？ ______________________
3. 你喜欢读什么？ ______________________
4. 你最喜欢读的书是什么？ ______________________
5. 你最喜欢的电影或电视节目是什么？ ______________________

6. 你高中毕业想做什么？________________

7. 你有什么业余爱好？________________

下面的案例描述了一个中学课堂的第一天：

艾姆斯先生知道，许多学生已经厌倦了开学第一天的教师讲话和常规程序，所以他决定和他的二年级学生尝试一些新的东西。学生们一走进教室，他立刻把他们分成小组。每次提供重要信息之前，他都要求学生们预测他要说什么——比如关于他个人、他的评分原则、课程大纲等。预测最接近实际信息的小组赢得奖品——一根巨大的巧克力棒。艾姆斯先生接着介绍了自己的背景。鉴于许多学生互不相识，他让他们填写了一份兴趣清单，然后将他们分成三人小组，并让他们在组内分享一些自己的信息。接下来，他简要介绍了将要采用的规则与程序。他邀请学生们提出问题以及他们关心的事，并说明这些问题将另选一天进行讨论。最后，他对课程进行了简要总结，并提出了他的期待，再次指出他稍后会解答大家关心的事情和问题。下课时他得出结论，学生们在课堂上实际上一直在倾听他所讲的细节——再加上一点，在开学的第一天他们就在思考了。

行动步骤3 ▼

开学初期着重强调课堂管理

在一个星期左右，你的管理体系就要很好地建立起来。这需要一系列的活动。下面是一些在小学阶段有助于建立管理体系的活动：

- 向全班介绍新同学，花时间帮助其他同学了解新同学。

- 与学生一起练习课堂常规程序，直到他们能够有效地执行，并且不会混淆。
- 复习第一天介绍的课堂规则和程序以及相应的惩戒手段。讨论实施这些规则的理由，邀请学生进行讨论并提出建议。如有必要，可对规则、程序和惩戒手段进行修改，以反映学生强烈的情绪。
- 建立一个与学生家长进行沟通的系统。
- 介绍你要使用的评分程序。再次邀请学生进行讨论并提出意见。
- 继续进行相关活动，增进学生对教师的了解和学生之间的相互了解。

下面的案例描述了在小学课堂上最初几天的情况是怎样的：

“木头人！现在，与身边的同学结对，一定要知道对方的名字，并谈一谈你们此刻应该遵守的规则和程序。给自己和全班打分，从1到4（4是最高分），评价一下我们对规则的遵守情况。”

在开学的第一周，翁格女士和她的一年级学生进行了几次这个小小的“木头人”活动，以强化在某一时刻必须遵守的规则和程序。如果感觉到学生们有困惑，她会花时间和他们一起复习具体的规则或程序。她还利用这些时机向学生解释并和他们讨论规则和程序的重要性。

在中学阶段，开始上课的最初几天要开展的活动包括：

- 向全班介绍新同学。
- 与学生一起仔细阅读规则和程序，以及相应的惩戒手段；解释其中的基本原理，并邀请学生提出意见。可根据学生的强烈价值需求做出修改。
- 回顾已经建立的课堂常规程序（例如，开始上课，结束上课，分发材料，小组活动，等等）。如有必要，对其中一些常规程序进行演练。

- 集中精力记住每个学生的名字，并对每个学生都有所了解。
- 详细介绍评分程序。邀请学生提出意见并参与讨论。

下面的案例描述了在中学课堂上最初几天的情况是怎样的：

虽然金女士在开学的第一天没有布置学习作业，但她确实要求学生准备一个有10个问题的小测验——包括她介绍的课堂规则和程序方面的问题，以及两个关于学生的信息和兴趣的问题。接下来的两天，在上课的前几分钟里，每个学生都在班内走动并随机口头测试几个其他学生。就这样，他们不仅了解了规则，还了解了彼此。在几轮提问之后，她邀请全班就他们对规则和程序的有效性和公平性的看法发表评论。鉴于每个学生都已对规则和程序进行了深入思考，讨论非常活跃而且富有成效。

小结

新学年的开始是为课堂管理定下基调的关键时期。教室的布置与装饰会向学生传达微妙但重要的课堂管理信息。开学第一天是一个重要的契机，不仅可以给学生留下良好的第一印象，还可以介绍规则与程序。这些规则与程序是课堂管理常规活动的基础。在学年初的几天里，通过各种活动强化学生对规则与程序的理解有助于建立良好的课堂管理程序。

第8章 校级管理

第2章至第5章探讨了教师个人在课堂管理中可以（也应该）采取的行动。第6章讨论了如何帮助学生对自己的行为负责。第7章提出了开始新学年的方法，以便让课堂管理有一个良好的开端。本章阐述学校在课堂管理方面应采取的行动。虽然听起来似乎改变了话题，但事实并非如此。学校层面的管理和班级层面的管理是一种共生关系。如果我们从学生个人角度来考虑，这种关系可能最容易理解。

中学生塞西莉亚每天上五节课，每节课由不同的教师讲授。每位教师采用的特定的管理方法和技巧让塞西莉亚在课堂上很有安全感和秩序感。然而，她不会一整天都在教室上课。她要去吃午饭；她会穿行在班级之间的走廊上；她会在学生公共区域消磨时间等。从塞西莉亚的角度来看，有效管理的学校不仅是她在任课教师那里获得的体验，还包括在所有学生共同参与的

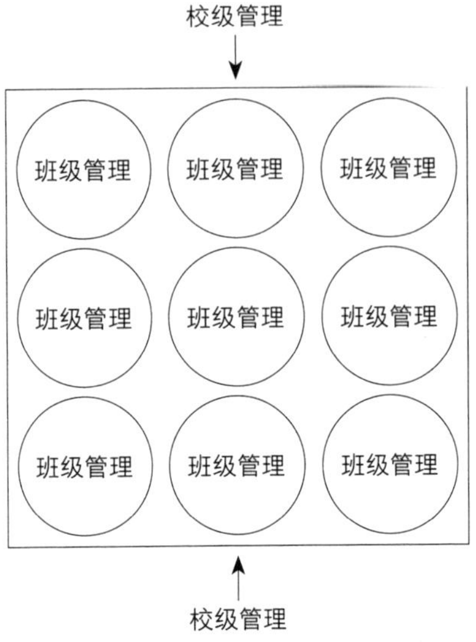

图8.1
校级管理与班级管理的关系

活动中和共享空间里获得的体验。如果将学校层面的有效管理与第2章到第7章中讨论的课堂管理技巧结合起来，我们会发现，有效管理是由相互作用的因素构成的组合体。图8.1显示了这种相互作用。

如图8.1所示，学校层面的管理为课堂管理提供了更大的背景。这很容易理解，因为学校建立了每个班级运行的整体环境。班级的有效管理与学校的总体管理形成的综合影响构成了学生对学校的认知。

相关研究与理论

学校的良好管理对学生的学业非常重要。《2000年目标：美国教育法案》（*National Education Goals Panel*）规定，到2000年，每所学校都“要提供一个有利于学习的有序环境”。然而，即使有如此令人印象深刻的支持，教师个人也不一定认为全校的管理属于他们的职责范围。这一观察结果推动我对克里斯汀·奥布莱恩（Kristine O’Brien）的研究进行了回顾：

> 1997年秋天，我结束了在弗吉尼亚州中部一所中学的教学工作。我一直感到疑惑，为什么教师允许学生自由自在地在走廊里胡作非为？在教室里，教师牢牢掌控着一切：学生们知道规则，也知道违反规则会带来什么后果。走廊里则完全是另一回事。在（学校的）第一周，我感到很不自在，因为我听到有人说脏话，看到学生

之间许多顽皮但粗暴的打斗，看到学生们跑着跳着触摸天花板。有时教师会训斥学生，但这种行为通常不会被追究。八周的教学经历结束时，我已经能够忽略这种相当狂野的氛围。只有在可能爆发争斗时，我才会出面制止。

奥布莱恩继续说："教师们并非没有注意到走廊和教室行为标准之间的巨大差异；我经常对学生的行为感到沮丧，对何时干预感到困惑，但没有人讨论或寻找解决办法。"

充足的证据表明，学校层面管理不善会给学生传达一个强烈的产生反作用的信息。特别是说到暴力，卡罗尔·雷姆博尔特（Carole Rembolt）和理查德·齐曼（Richard Zimman）解释说："我们容忍暴力就是告诉那些认为自己有权使用暴力的学生，我们认同他们的观点。他们认为有权使用暴力的态度和我们对暴力的宽容态度，是造成混乱局面的部分原因。"

雷姆博尔特和齐曼继续解释说，当教师或管理人员有以下行为时，传递的信息就是学校层面对不当行为的宽容：

- 未能制定明确一致的学校行为标准
- 有意识地避开学生易于发生攻击性行为的室内区域或户外场地
- 当学生实施暴力或破坏行为时或威胁实施此类行为时，不进行干预
- 对暴力行为和威胁要实施暴力的行为不报告
- 对于要在校园内或校园外打架的谣言不报告
- 假装未注意到教室里和走廊上潜在的和正在实施的不当行为
- 对攻击性行为受害者的投诉不报告

宝拉·肖特（Paula Short）、瑞克·肖特（Rick Short）和查理·布兰顿（Charlie Blanton）在他们的著作《重新思考学生管教：有效的替代方案》（*Rethinking Student Discipline: Alternatives That Work*）中指出，一些

教师对学校层面的管理是漠不关心的。这可能是他们的某些态度在起作用，例如：

- “他不是我的学生”综合征，或者教师对学生的不良行为采取忽视态度。
- “我会保持低调”综合征，或者是教师身在当下，但心不在焉。
- “这不关我的事”综合征，或者教师微妙地告诉学生“我做我的事，你做你的事”以成为学生的盟友。

实施学校层面的管理除了具有明确的实用目的外，还有公共关系的原因。大量的证据表明，公众普遍会根据学校对学生行为的管理来判断学校的有效性。举例来说，学校的安全似乎是学生家长最关心的问题。美国国家和地方的民意测验一致表明，公众认为安全问题是他们所关心的主要问题之一。正如佩德罗·诺格拉（Pedro Noguera）所说：“在许多学区，人们对暴力问题的关心甚至超过了关心学业成绩——传统上美国国家议程最持久的主题——成为改革和干预的最高优先事项。”但需要指出的是，人们对美国学校缺乏安全性的看法可能与实际情况并不相符。

卡潘国际教育协会和盖洛普组织基于一项民意调查结果提示到，对暴力的看法可能更多地取决于媒体对校园暴力事件的广泛报道而非实际发生的暴力事件。最后，诺格拉解释说，“相对而言，年轻人实际上在学校可能比在社区，或者在公园、溜冰场，甚至比在家里都安全得多”。

但即使了解了这些情况，学校内不当行为和暴力行为的数据仍然发人深省。例如，在20世纪90年代末，美国教师联合会发言人报告说，每11名教师中就有1人在学校被攻击，每4名学生中就有1人在学校遭受暴力。与此同时，美国国家学校安全中心执行主任指出，估计每月有5000名教师受到攻击。其中，约有1000人伤势严重，需要治疗。

从学生那里获得的关于学生的数据同样发人深省。在对肯塔基州列克星敦的2066名九年级学生进行的为期六个月的调查中，43%的学生报告说他们曾打过其他学生，8%的人报告说他们曾打过老师，16%的人报告说他们曾携带武器去学校。在对西雅图高中学生的代表性样本调查中，6.6%的人报告说他们曾携带手枪去学校。

不当行为和暴力事件虽然并不比前些年更严重，但对学校的负面影响也是有据可查的。一项研究表明，暴力程度高的学校的学生数学成绩比暴力相对较少的学校的学生低0.20个标准差，并且毕业的可能性低5.7个百分点。

简而言之，学校的有效管理与班级管理同样重要，甚至与班级管理的综合影响相比，校级管理更能决定学校的总体氛围。

行动步骤

行动步骤1 ▼

建立规则与程序以避免因学校的物理特征或日常规程可能引起的行为问题

“一分预防胜过十分治疗”这句老话非常适用于全校性管理。学校越重视其物理环境和日常事务规程，出现混乱和不当行为的机会就越少。J. 罗恩·尼尔逊、罗恩·马尔泰拉和贝尼塔·伽蓝将这些规则与程序称为**“生态干预”**（Ecological Interventions）。例如，在一项为期四年、涉及600名一至六年级学生的研究中，他们发现：

> ……让年级接近的学生同时进行课外活动会产生拥挤问题，因

为同龄学生常常参加同样的活动。这会导致学生之间更多的身体接触和不良互动。课外活动时混合不同年级的学生可以减少拥挤问题。

生态干预就是利用规则与程序消除因学校的物理特征（例如，狭窄的走廊，进出某些区域的有限通道）或学校的日程安排（例如，重叠的午餐时间，交错的时间表）可能产生的负面后果。为了实施生态干预，学校必须检查学校的实际结构和常规安排，以防止可能出现的问题。尼尔逊和他的同事们推荐的生态干预措施包括：

- 使用特定区域的所有入口和出口以降低学生的密度。
- 保证学生进出公共区域的等待时间最小化。
- 尽可能减少活动与活动之间需行走的距离和时间。
- 限制较少的场所与限制较多的场所之间利用指示牌标明，以控制人员流动。
- 在公共区域使用标明期待行为的指示牌以控制行为。
- 对公共区域的事件进行排序，以促进恰当的行为习惯逐渐形成。

一旦确定了要进行生态干预，尼尔逊和他的同事们建议学校采用三段法来教授和强化相关的规则与程序。第一阶段，学生学习在公共区域应遵守的规则和程序。这一阶段可能需要两到三个星期。第二阶段，学生定期复习这些规则和程序，持续两到三个月。第三阶段，根据需要为学生安排复习活动或“强化活动”。下面是一所学校进行生态干预的案例：

教会学校的校长坐在她的办公室里，仔细阅读有关这一年发生在学校走廊上的事故和伤害事件的报告。大部分问题发生在旧校舍狭窄的木楼梯和坡道上。由于这些楼梯的布局不同寻常，一些学生上楼而另一些学生下楼时，经常发生堵塞。她突然想起了旧电影

《桃李满门》(*Up the Down Staircase*)，她脸上露出了笑容。正思考着这个问题，她注意到电脑屏幕上有一幅色彩鲜艳的图画。她有主意了。在维修部门和志愿者家长的配合下，一些楼梯被涂上了一种特殊的黄色，叫作金凤花黄。其他楼梯被漆成浅棕色。在粉刷一新之后，校长发起了一场信息宣传活动，口号是“黄色上楼棕色下”，以确保所有的学生都了解新的规则。学校举行了会议，所有的任课老师都在班里强调了新的程序，必要时随时重复口号。由于颜色编码非常成功，校长又下令把楼梯平台涂成了亮红色，意思是不能停留。一个新的口号诞生了：“红色区域不停留。”事实上，学校的所有因滞留而引起问题的区域都被涂上了红色油漆。有些人拿校长的颜色编码和她开玩笑，但每个人都承认这种做法确实使学校内这些区域发生的问题减少了。

行动步骤2 ▼

针对具体类型的不当行为，建立明确的全校性规则与程序

正如在班级里要对各种不当行为制定规则，在学校层面对具体类型的不当行为制定规则和程序也是同等重要的。一项涉及19所中学、1.1万名学生的转介行政科案例的研究提供了一个有趣的视角，即全校需要转介行政科的各种不当行为的频率。这一研究的作者罗素·斯基巴(Russell Skiba)、里斯·彼得森(Reece Peterson)和塔拉·威廉姆斯(Tara Williams)报告说：

- 41.1%的学生有一次或一次以上因不良行为被转介行政科的记录；
- 被转介行政科的学生平均每年被转3.77次。

导致转介行政科的不当行为具体类型如表8.1所示。根据表8.1，因违抗行为、课堂干扰和无礼行为被转介行政科的案例占50%以上。表8.1中一个更有趣的方面是，诸如淫秽的语言和手势、无视他人安全和辱骂性语言等更为严重的不当行为相对较少。此外，犯罪行为更加罕见。事实上，在斯基巴、彼得森和威廉姆斯的研究中，使用武器仅占行为不端事件的0.1%（17 045起事件中有21起），盗窃仅占0.9%（17 045起事件中有146起），滥用药品或酗酒仅占0.2%（17 045起事件中有32起）。

斯基巴、彼得森和威廉姆斯的研究是在中学进行的，与在其他年级进行的研究结果相当一致。

与生态干预一样，针对各类不当行为的规则和程序应该清楚地传达给学

表8.1 欧美学生转介行政科原因排名前十

行为	百分比	累计百分比
违抗行为	27.6	27.6
课堂干扰	12.8	40.4
无礼行为	10.7	51.1
打架斗殴	10.6	61.7
大声喧哗	6.0	67.7
侮辱性语言	5.0	72.7
其他各类	4.8	77.5
无视他人安全	3.6	81.1
淫秽的语言和手势	3.0	84.1
迟到	2.7	86.8

资料来源：改编自罗素·斯基巴、里斯·彼得森和塔拉·威廉姆斯的文章《转介行政科与停学：中学的纪律干预》（“Disciplinary Interventions in Middle Schools”），《儿童教育与治疗》[*Education and Treatment of Children*, 20(3), 295–315]，Copyright © 1997。

生，并使其方便地看到。常见的方法是在新学年开始时，在全体会议上重温学校的规则和程序，并为学生和家长提供书面副本。学校也可以为那些对学校的规章制度有疑问的家长安排一个开放日。下面的案例描述了学校如何向学生传达全校性规则与程序：

牧场中学的每个房间都配备了一个连接到中央网络的大型电视监视器。此外，该学区一位新技术总监以创造性地使用技术而闻名。人们都知道他是个老电影影迷，并且有大量的电影剪辑。在这位技术总监的帮助下，校长设计了一种介绍学校的规则和程序的新方法。技术总监帮助他制作了一个非常有创意的PPT演示文稿，穿插了相关的电影剪辑，用以解释和突出每一条规则和程序。展示过程中，学生们都非常专注地观看在餐厅内、媒体中心、走廊内和课间休息时应遵守的规则。违反学校政策的后果以创造性的、通常是幽默的方式进行了清楚的解释和说明。演示文稿发布在学校的网络空间，教师可以适时地调出一些片段并与学生一起重温相关规则。此外，在召集会议期间和返校日，该演示文稿也可以向家长展示。

行动步骤3 ▼

针对具体类型的不当行为确立并实施相应的后果

确定具体类型的不当行为只是学校有效管理的一部分。学校还必须确定不当行为的后果并能够公正统一地执行。研究表明，学校使用的后果类型似乎相当一致。斯基巴、彼得森和威廉姆斯的研究再次提供了一个有趣的视角。表8.2列出了对被转介行政科的学生学校最常采用的10种后果。

如表8.2所示，居家暂时停学是被转介行政科的最常见后果。居家暂时停学、训导和校内暂时停学占后果总数的55%以上。还有一些表8.2中未提到的数据，如在17 029起事件中，只有37起使用了体罚，占总数的0.2%。更为有趣的是，在17 029次事件处理中，要求学生道歉的次数只有121次，占总次数的0.7%，而且在17 029次事件中只有37次要求学生签行为契约，占总次数的0.2%，尽管这些方法在逻辑上看起来更容易而且非常有效。

同样，来自其他研究的发现与斯基巴、彼得森和威廉姆斯报告的结果相当一致。例如，詹姆斯·格林（James Green）和唐纳德·巴恩斯（Donald Barnes）在四种不同规模的学校中和四种不同社区类型的学校中采访了100名初中管理人员和100名高中管理人员，并得出结论，“四种不同规模和四种社区类型的学校为应对违规行为而采取的行动是一致的”。在这些研究中，

表8.2 欧美学生转介行政科的后果排名前十

后果	百分比	累计百分比
居家暂时停学	33.3	33.3
训导	12.3	45.6
校内暂时停学	10.1	55.7
通知家长	9.4	65.1
其他各类	8.6	73.7
心理疏导	7.0	80.7
开会	5.3	86.0
课后留校	4.9	90.9
隔离	3.7	94.6
暂停乘坐校车	2.2	96.8

资料来源：改编自罗素·斯基巴、里斯·彼得森和塔拉·威廉姆斯的文章《转介行政科与停学：中学的纪律干预》（“Disciplinary Interventions in Middle Schools”），《儿童教育与治疗》[*Education and Treatment of Children*, 20(3), 295-315], Copyright © 1997。

管理人员最常用的措施包括：

- 口头训导
- 通知家长
- 开会
- 课后留校
- 校外暂时停学
- 开除

这个列表与沃德·比林斯（Ward Billings）和约翰·恩格（John Enger）在他们的研究中得出的结果非常相似：

- 口头训导
- 课后留校
- 校内暂时停学
- 校外暂时停学
- 开除

虽然各学校制定的不当行为后果相当一致，但这些不同后果的有效性并没有得到很好的研究。更确切地说，研究人员很少关注口头训导相对于课后留校或其他形式的后果的相对有效性。然而，也有一些值得注意的例外。“星期六学校”就是其中之一。约翰·温伯恩（John Winborn）报告说，由于在高中实行星期六学校，被停学和开除的学生人数显著减少。被要求上星期六学校的学生在学校需要抄写纪律要求或进行行为矫正训练等。贝蒂·安·库布（Betty Ann Kube）和加里·拉蒂根（Gary Ratigan）介绍了一项针对无故缺席的周六计划。具体来说，无故缺席者的后果是周六早上8:00到11:30在学校上课。在此期间，学生必须完成他们错过的学习任务。如果不能完成，他们必须再次参加。

大卫·古拉特和德韦恩·莱莫因报告了一项针对逃学的方案。有些人可能认为这一方案特别严厉，因为逃学后果涉及父母和监护人。古拉特和莱莫因介绍说：

在实施的前三年里，超过600起案件被起诉，并导致300起被定罪，其中父亲或母亲或监护人被罚款并接受某种形式的咨询辅导。自1989年开始实施以来，学区几乎没有任何经济付出，辍学率就下降了45%。通过保持800多名在籍学生，根据学区的平均日出勤率，学校获得了来自州和地方大约每名学生3000美元的补助。据观察，每200起案件被提交到法院，就有400多名学生返回学校。

总之，学校通常会对违反校规校纪的行为采取各种相应的后果措施。下面的案例介绍了学校在全校性后果方面的处理形式：

当埃姆斯中学的学生违反校规时，学生通常会被课后留校，并在处罚下达的第二天执行。这个计划留给学生一天的时间通知他们的父母自己被课后留校。在留校期间，学生要对自己违反校规的行为写一份简短的说明，解释事件发生的原因，以及今后如何避免类似事件。从表面看，这项新的课后留校政策运行良好——直到新任副校长发现，同一个学生一次又一次地反复被留校。什么原因呢？经过调查，原因清楚了。很明显，学生们并不真的介意处罚，原因有很多。第一，屡次犯错的人通常不会告诉他们的父母关于课后留校的事，而是熟练地编造着关于俱乐部和体育赛事之类的故事。他们的父母显然很相信这些故事。第二，从违规到被留校的时间间隔太长，以至于学生不能有效地分析其违规行为的原因。因此，他们的书面分析一般未经过深思熟虑，甚至不准确。第三，监督留校学生的教师在方法上差别很大。有些教师制造了一种近乎敌对的气氛，而另一些教师在时间支配上给了学生很大的自由。副校长决定修改这项政策。这次的改变不大，但意义重大。在课后留校令下达后，学生要立即电话通知家长；当晚学生写出行为分析，家长签字。最终，教师们的监管方法越来越一致。正如所预期的，许多被课后留校的“常客”开始改变他们的行为。

行动步骤4 ▼

建立监测系统，早期发现有暴力和极端行为倾向的学生

塔里·托宾（Tary Tobin）和乔治·苏盖（George Sugai）的研究工作证明，早期发现有暴力或极端行为风险的学生是有一定实用价值和影响力的。具体来说，他们进行了一项涉及526名学生的纵向研究，对学生六年级的行为记录进行了仔细审查以预测他们在八年级时的暴力情况。以下是他们的报告：

> 结果表明，六年级时如果出现了转介行政科，不管是因为暴力或非暴力行为，教育者和家长都应立即采取积极的行为支持计划进行干预。这有可能改变其持续反社会的行为预测轨迹。即使是六年级时的几次转介行政科，或者某些情况下的一次转介行政科，都应该被视为更多问题即将到来的警告，因此需要制定和实施预防性干预措施。

表8.3报告了八年级的暴力行为与六年级某些类型的转介行政科的相关性。它提供了一些学校应当追踪的行为类别。例如，任何形式的暴力打斗都是未来可能出现问题的强烈信号。另外，暴力骚扰和非暴力不良行为也预示着未来可能会出现问题。当然，需要重点强调的是，这些数据不应当被用

表8.3　六年级转介行政科与八年级暴力行为的相关性

六年级转介行政科类型	相关系数
暴力打斗	0.55
暴力骚扰	0.37
非暴力不良行为	0.35
校外暂时停学	0.32

资料来源：来自托宾和苏盖的数据。

来给学生定型。相反，它们应该被用来帮助识别那些可能需要更多支持或帮助的学生，以避免他们的某些倾向可能引起的负面后果。下面的案例揭示了学校如何利用数据以避免未来可能出现的问题：

哈迪中学的辅导员花了大量时间教授学生“防霸凌”策略，并帮助所有学生意识到骚扰的危险和后果。虽然他们感觉自己的教导对学生有一定影响，但他们认为这个项目最成功的地方是他们使用了同伴辅导员。他们挑选的一些八年级的学生会接受培训，然后为低年级的学生提供支持和建议。他们的工作一方面是与被骚扰或霸凌的学生谈话，另一方面是帮助因为暴力或骚扰行为被转到行政科的六年级学生。虽然辅导员们一直协助他们进行交流，但八年级学生与六年级违反规则的学生的交流方式一直让他们印象深刻。有些八年级同伴辅导员在六年级时也曾遇到过麻烦，这有助于他们与低年级同学产生共鸣，并提供合理的建议和鼓励。这种持续的支持经常使六年级学生不仅改变了他们的行为，而且当他们进入八年级时也渴望成为同伴辅导员。

行动步骤5 ▼

采用全校性管理方案

在前几章中，我确定了在规则与程序、纪律干预、师生关系、心理定式、学生责任和新学年开始等方面各有优势的方案。在讲述这些方案时，我注意到尽管它们是从课堂管理的某个具体方面来讨论的，但实际上在某种程度上它们针对的是管理的所有或大部分关键问题。尽管第2章到第7章中的任何方案都足以满足需求，本章采用了罗恩·尼尔逊和贝丝·卡尔的思考时间作为例子探讨全校性管理方案的实施。

应当注意的是，全校性班级管理方案会对所有教师提出要求。全校性方案要求所有教师行为的一致性既是这一行动步骤的优势，也是其弱点。当学校所有教师在课堂管理上表现出完全一致的行为时，就是在向学生及其家长和监护人传达一个非常强大的信息。然而，它要求所有教师都采用该方案中所规定的行为，也就意味着教师通常享有的一些自由减少了。从这个角度出发，我们来探讨“思考时间”的五个主要组成部分。

1. 捕捉干扰性行为。如果教师注意观察，学生的不当行为往往会立即被发现。如果学生承认并停止了不当行为，课程继续进行，教师不用采取进一步行动。如果不当行为没有停止，教师会把学生送到“思考时间教室”（“TT教室”）。

2. 进入“思考时间教室”。学生从班级教室到进入“思考时间教室”的过程受到密切关注。对于大多数干扰性行为，教师会要求学生独自去“思考时间教室”。当然，学生到达“思考时间教室”所花费的时间是有记录的。如果在去“思考时间教室”的过程中可能会出现问题，教师可以派一名陪同人员陪同捣乱的学生到“思考时间教室”。

3. 思考时间汇报。整个过程最重要的环节是学生填写一份书面表格，汇报自己被送到“思考时间教室”的原因。负责“思考时间教室”的教师在适宜的时间让学生填写汇报表。学生通常需要汇报以下事情：

- 确认自己的不当行为。

- 确认返回教室后需要做的改变（即确定可能的“替代行为”）。
- 表明自己是否可以执行替代行为。

对于年龄较小的学生，“图片式”汇报非常常见。也就是说，学生需要画一幅或多幅画来描述他们的不当行为以及他们需要表现出的正确行为，才能被允许回到原教室，等等。

4. 检查汇报表。学生离开“思考时间教室”前，负责的教师要检查汇报表。如果表格填写正确，学生可以重新回到普通教室。

5. 重返普通教室。学生回到普通教室时，先在门边等待。任课教师会检查汇报表是否正确。如果学生错过了功课，教师会指派一名同伴帮其补上。

很明显，“思考时间”是一种高度结构化的管理方法。全校性方案体现了学校员工在管理方面强烈的团结意识，但它需要所有教师同意并使用同一套行动和策略。这需要教师们进行大量的讨论和协商。下面的案例讲述了协商是如何在学校进行的：

> “瞧，一种尺寸不可能适合所有人……”
>
> “但我们需要一个统一战线……”
>
> “我们要记得，‘愚蠢的一致性是没头脑的表现’以及……”
>
> “这要举全校之力……”
>
> 校长潘特女士听着这场讨论，开始有些不耐烦了。“请不要再说这些陈词滥调了。这对我们没有任何益处。”
>
> 讨论的主题是是否全体教师在课堂上要使用统一的全校性纪律方案。那一刻，潘特女士决定表明立场——引导方向：“现实是这样的。两年来，我们一直努力减少纪律问题，允许每个人使用自己的方法，但没有效果。我们的学校在成长，我们的问题也在增多。我一直保护你们的学术自由，让你们参与决策过程——我会继续

这样做。但是，我必须要求你我一起尝试一种更有条理、更一致的课堂管理方法。”

小结

行为管理不仅是每个班级要考虑的问题，也是学校层面要思考的问题。毕竟，学校是课堂管理的大环境，全校性管理政策与实践为班级管理定下了基调。学校层面的管理应解决以下问题：消除某些可能助长学生不当行为的计划安排或环境因素可能带来的负面后果；确定全校性规则与程序以及违反规则与程序的全校性后果；设计一整套体系以早期发现有暴力倾向或极端行为倾向的学生。采用全校性班级管理方案传达了一个强有力的信息，即学校非常重视学生的在校体验。

结束语

这本书讲述了各种基于研究的课堂和学校管理方法。从中推断出的基本结论是，每一位教师和每一所学校要实现有效管理并不难。几十年的研究为有效管理的关键层面和实现有效管理的最佳策略提供了明确的指导。具备了这些知识和理解，学校和任课教师可以在一个安全、有序和受人尊重的环境中教书育人，最大限度地实现有效教学和真正学习。

译后记

马扎诺是美国“北美中部教育与学习研究中心”的高级学者，撰写了20本著作和150多篇文章，包括《有效课堂教学手册》《有效的课堂教学：提高学生成绩的研究型策略》等。《卓有成效的课堂管理》是其又一部重要论著。

我们知道，一名教师的核心角色是通过制定课程大纲、使用教学策略进行有效教学。《卓有成效的课堂管理》论述了教师的另一个重要角色和任务，即课堂管理。越来越多的研究已经证明，课堂管理的有效性深入地影响着学生的学业成绩。课堂管理是教师应掌握的重要技能之一，与教学技能相辅相成，不可或缺。本书详细地论述了课堂管理的各个方面：课堂规则与程序，纪律干预，师生关系，心理定式，学生在课堂管理中的角色，课堂管理的良好开端，学校在管理中的角色等。本书的特点之一是作者将学生对课堂管理的责任以及学校层面在课堂管理中的作用纳入有效课堂管理范畴，强调了各方面的协同作用。本书的另一特点是，课堂管理策略的提出是基于大量的相关研究，即元分析。这些课堂管理策略并非只是源于经验，其有效性经过了大量的研究论证和实践检验，值得信赖。本书还具有很强的实用性。每章的核心部分是有效课堂管理策略的“行动步骤”，并且配有实例。老师可以一步一步跟随引领，结合案例的示范作用，轻松上手。本书是每一位教师不可多得的好助手。

翻译的过程使我痛并快乐着。因为本书是基于研究的有效课堂管理策略，书中有大量相关研究的文献引用。片段的文字使翻译难度陡增。为了准确地理解并贴切地翻译引文，我查阅了很多文章和书籍原文，根据全文对引用部分进行翻译。由于文化与教育制度的不同，书中有时会涉及一些难以理解的术语，如纪律干预手段“referral”。经过反复的网络查询、与同事讨论等，最终我了解到，这是一种老师把犯了严重错误的学生转交给学校管理员去接受纪律处分的方式。翻译方式最终确定为“转介行政科”，并在翻译书稿中对其进行了注释。翻译中解决问题的过程如同寻宝，每次查到相关信息或想到合适译法都如获至宝。翻译的过程使我受益匪浅。因为我本人是做教育研究的，书中内容我很感兴趣，不厌其烦地阅读和思考。每一种有效课堂教学策略对从事教育实践与教育研究的我都很有启发，跃跃欲试地要在教学中体验一番。翻译的过程也使我眼界更加开阔，对美国的基础教育有了更深的了解。

翻译是永无终点的心路历程。为了将英语语言译为流畅地道的汉语，译稿也经过了多遍打磨，力求忠实原文并表达得体。书稿终于提交了，但我依然很忐忑。因为自己知识的浅薄、经历和眼界的限制，翻译中难免有疏漏之处，期待与大家共同探讨！

感谢中国青年出版社的各位编辑为本译著的出版所做的大量工作！

河北师范大学外国语学院

郑月莉　副教授

关于作者

罗伯特·J. 马扎诺（Robert J. Marzano）

美国教育界专家，马扎诺研究中心联合创始人兼首席执行官，著名演讲者、培训师和作家。著有《高度参与的课堂》《课堂上的提问逻辑》《专业学习共同体》《如何调动与激励学生》《如何促进教师发展与评价》《基于课堂中精准理解的教学设计》等。

亚娜·S. 马扎诺（Jana S. Marzano）

专业心理治疗师，从业超过20年，其专业领域包括创伤后应激障碍等，对儿童和青少年问题研究广泛。

黛布拉·J. 皮克林（Debra J. Pickering）

在超过25年的教育生涯中，她为K-12的管理人员和教师提供了广泛的咨询，包含明确学习目标的课程、教学与评估，其重点研究认知心理学，与马扎诺合著《高度参与的课堂》等。